Spargel

Kochen & Genießen

SPARGEL

unipart

Vorwort

Frischer Spargel ist ein Hochgenuss – das wissen nicht nur ausgesprochene Spargelliebhaber. Seine Haupterntezeit ist, je nach Witterung, von April bis Juni.

Wer in der Nähe eines Spargelanbaugebietes wohnt, hat es gut. Während der Erntezeit werden am Rande der Felder die frisch geernteten Spargelstangen zum Kauf angeboten, so dass es wirklich nur wenige Stunden dauert, bis man ihn genießen kann.

Leider hat nicht jeder das Glück, solche Spargelfelder in seiner Nähe zu haben, deshalb ist es besonders wichtig, beim Kauf auf gute Qualität zu achten. Deutschem Spargel sollte dabei der Vorzug gegeben werden, denn der aus dem Ausland hat auf jeden Fall eine lange Reise hinter sich.

Frischer Spargel muss auch frisch aussehen, frei von Druckstellen und Quetschungen und vor allem frei von Fäulnisbefall sein und die Stangen und die Köpfe dürfen nicht beschädigt, hohl, gespalten oder gebrochen sein.

Nach dem Einkauf sollte der Spargel bald verarbeitet werden, und wir möchten Ihnen in unserem reich bebilderten Buch zeigen, was Sie mit ihm alles zaubern können.

Die Zubereitung von Spargel ist eigentlich kinderleicht. Weißer Spargel wird immer ganz geschält und das Ende abgeschnitten. Zum Garen erhitzt man Salzwasser, dem etwas Butter, ein Stück Zitrone oder Orange und eine Prise Zucker zugegeben werden. Die Stangen werden lose eingelegt und bei nicht zu starker Hitze „bissfest" gegart. Die Garzeit richtet sich nach der Dicke der Stangen. Der Mittelwert liegt bei 15 bis 20 Minuten.

Grüner Spargel wird nur am unteren Ende geschält und das Ende abgeschnitten. Grüne Spargelstangen sind meist dünner und damit empfindlicher und benötigen auch weniger Garzeit. Sie liegt bei etwa 10 bis 12 Minuten.

In unserem Buch finden Sie Rezepte für „Spargel pur", für Salate, Suppen, kleine Köstlichkeiten, Gerichte mit Fleisch und Fisch, Omeletts, Aufläufe und vieles mehr. Natürlich haben wir auch an die Saucen gedacht, die so herrlich dazu passen, allen voran die Sauce Hollandaise, an der kein Spargelfan vorbeikommt. Ja, man gerät richtig ins Schwärmen, wenn man all die Köstlichkeiten sieht! – Sicher läuft auch Ihnen jetzt das Wasser im Munde zusammen!

Alle Rezepte wurden von uns ausprobiert und für gut befunden, nun liegt es an Ihnen, sie nachzukochen, eigene Kreationen zu „er"finden und Ihre Lieben damit zu verwöhnen.

Wir wünschen Ihnen viel Spaß bei der Zubereitung, gutes Gelingen und vor allem guten Appetit!

Die Redaktion

Die Kulturgeschichte des Spargels

Spargel gehört zur Familie der Liliengewächse. Heute gibt es rund 100 Spargelarten, die in Europa bekannteste ist „Asparagus officinalis". Spargel ist eine mehrjährige Staude, deren Wurzelstock viele dickfleischige Wurzeln ausbildet. Die oberirdischen Teile sterben im Herbst ab. Die im Frühjahr austreibenden, durch einen Erdwall geschützten Sprossen werden von April bis Juni gestochen.

Spargel wurde früher als „Luxusgemüse" oder „Königsgemüse" gepriesen und heute schätzen ihn die Feinschmecker in aller Welt.

Schon in den erhalten gebliebenen Aufzeichnungen der Antike werden Spargelpflanzen erwähnt. Die Griechen kannten den wild wachsenden Spargel, es gibt aber keine Hinweise darauf, dass er damals schon kultiviert wurde. Die älteste Erwähnung von Spargel finden wir bei Hippokrates, dem wohl bekanntesten griechischen Arzt der Antike. Er nannte Spargel ein „stopfendes Mittel, das bei roter Ruhr und Harnwinden dienlich sei". Außerdem pries er die blutreinigende und harntreibende Wirkung des Spargels, was uns zeigt, dass der Spargel mit seinen Bestandteilen Wurzel, Sprossen und Samen im Hinblick auf seine Verwertbarkeit in der Medizin betrachtet wurde.

In der modernen Homöopathie wird diese Erkenntnis immer noch genutzt. Die aus frischen Sprossen hergestellte Essenz wird zur Behandlung von Blasenkatarrh sowie Blasen- und Nierensteinen eingesetzt.

Im Mittelalter wurde Spargel vor allem in Klostergärten gepflanzt und als Heilpflanze eingesetzt.

Im 14. und 15. Jahrhundert herrschte in Oberitalien ein besonders großes Interesse an botanischen Studien. Ärzte und Apotheker verfassten medizinische Handschriften, versahen sie mit Pfanzenabbildungen und nutzten sie als Hilfsmittel, um sich in der Pflanzenwelt zurechtzufinden. Weil sie nur zum eigenen Gebrauch gedacht waren, flossen neben traditionellen Bildern auch eigene Naturbeobachtungen mit ein.

Bis zum 18. Jahrhundert war ausschließlich der grüne Spargel bekannt. Anfang des 19. Jahrhunderts entwickelte man spezielle Methoden, die die Spargelsprossen vor Lichteinwirkung schützten und damit die Farbstoffbildung verhinderten.

Die Produktion von Spargel erlebte im 19. Jahrhundert einen großen Aufschwung. In Frankreich, in der Nähe von Paris, wurden bereits im Jahr 1868 ca. 500 Hektar mit Spargel bepflanzt. Die Ernte wurde hauptsächlich an Pariser Restaurants verkauft.

Die Verkehrserschließung durch die Eisenbahn bewirkte die Bildung von überregionalen Märkten, die eine Ausweitung der Spargelproduktion zur Folge hatten.

Um das Jahr 1870 begann in Schwetzingen ein intensiver Versand von Spargel. Mit der Bahn wurde er nach Österreich und in die Schweiz verschickt, mit dem Schiff gelangte er bis nach England. Für die damals aufkommende Konservierungsindustrie wurde er zur gefragten Rohware, so dass vor allem in Braunschweig und Schwetzingen eigene Spargelfelder angelegt wurden. Spargelanbau wurde besonders in Gegenden mit sonst unbrauchbaren Sandböden zu einem Wirtschaftsfaktor, man beschäftigte sich mit Problemen der Pflanzung, der Düngung und der Bodenbeschaffenheit und diskutierte über die besten Erntemethoden. Die Städte erließen Spargelmarkt-Ordnungen, um die Produkte ihrer Anbauer zu fördern.

In der Spargelmarkt-Ordnung von Schwetzingen hieß es 1895: „Frisch gestochene Spargeln dürfen nur von Spargelbauern des Amtsbezirks angeboten werden, Händlern ist der Verkauf von Spargel nicht gestattet."

Der Spargelabsatz war bereits in dieser Zeit so groß, dass man zum feldmäßigen Anbau überging und spezielle Arbeitsgeräte entwickelte, um die besonders tiefen Erdbewegungen, die notwendig waren, zu bewältigen.

Obwohl Spargel als Gemüse immer bekannter wurde, war ein Essen mit Spargel nach wie vor etwas Exclusives. Vor allem bei Hochzeitsbanketten und Festmahlen stand „Asperges" auf dem Speiseplan.

Spargel in seiner typischen Form war bald fest im Bewusstsein der Menschen verankert, was immer wieder zu Vergleichen reizte. Dünne Menschen schossen „spargelmäßig" in die Höhe, Fabrikschornsteine wurden „Industriespargel" genannt und der Dichter Hermann Löns lässt „Nikotinspargeln" in Jackentaschen verschwinden. Wilhelm Busch bringt die Sache 1872 in der Frommen Helene ganz lapidar auf den Punkt:

„Denn Spargel, Schinken und Koteletts
sind doch mitunter auch was Netts."

Spargelgeschirre des 19. Jahrhunderts

Das einstige Luxusgemüse wurde immer populärer, und so entstanden im 19. Jahrhundert besonders schöne Spargelgeschirre. Besonders Spargelliegen, Spargelplatten und Spargelteller aus Porzellan oder Steingut waren gefragt.
In Musterbüchern der Silberwarenfabriken wurden seitenweise Spargelzangen und Spargelheber angepriesen. Als besonders vornehm galten Fingerzangen, mit denen der Spargel zum Mund geführt wurde. So entwickelte sich eine Tischsitte, die sich wie folgt liest:

„Spargel wird nicht geschnitten, sondern mithilfe der rechten Hand verzehrt, die die Spargelstange am Ende ergreift, während die Linke mit der Gabel hilft, den Spargelkopf zum Munde zu führen. Das Ende, das nicht selten holzig ist, kommt auf den Tellerrand. Wer keinesfalls mit der Hand essen will, sollte den Spargel mit der Gabel knicken."

Das Europäische Spargelmuseum – ein Tempel für das Edelgemüse

Schrobenhausen, das durch seinen Spargelanbau weit über Bayerns Grenzen hinaus bekannte, kleine Städtchen in der Nähe der Landeshauptstadt München, ließ es sich nicht nehmen, dem königlichen Gemüse ein Denkmal in Form der Einrichtung eines Museums zu setzen.

Im Jahre 1983 wurde die „Initiativgruppe Spargelmuseum" gegründet, aus der sich ein Jahr später der Förderverein „Freunde Schrobenhausener Museen e.V." entwickelte. Dieser Verein setzte sich in den folgenden Jahren für den Aufbau des „Deutschen Spargelmuseums" ein, das schließlich am 13. Mai 1985 eröffnet und der Stadt Schrobenhausen übergeben wurde.

Ziel war von Anfang an, so umfassend wie möglich über Spargel zu informieren, über die Grenzen des Schrobenhausener Gebietes hinauszugehen und Objekte aus allen Spargelgebieten Deutschlands zu sammeln.

Im Interesse standen nicht nur die Geräte, die beim Anbau verwendet wurden, sondern auch Spargelgeschirre, botanische Fachliteratur, Gemälde und Reproduktionen von Gemälden, auf denen Spargel dargestellt ist, sowie Fotos als historische Zeitdokumente.

Wissenswertes über den Spargelanbau

Spargel ist in jeder Beziehung etwas Besonderes. Lange bevor er die Festtafel der Feinschmecker ziert, prägt er die Landschaft, in der er gedeiht. Lang gezogene Erdwälle mit präzise gezogenen Scheiteln und im exakten Winkel abfallenden Kanten, die unter schwarz glänzenden Folien verschwinden, erinnern eher an ein Werk des Verpackungskünstlers Christo als an grundsolide Landwirtschaft.

Die Optik spiegelt den Aufwand des Landwirts wieder – Spargel gedeiht nur unter First-Class-Bedingungen. Es darf nicht zu heiß, aber auch nicht zu kalt, nicht zu trocken und nicht zu feucht sein. Nur so treibt der Wurzelstock nach dem Winterschlaf seine Sprosse der Sonne entgegen. Die darf er aber nie zu Gesicht bekommen, sonst wäre es vorbei mit der „vornehmen Blässe".

Der Landwirt muss seinen Spargelkulturen das ganze Jahr über seine volle Zuwendung entgegen bringen. Das beginnt mit der Vorbereitung des Bodens. Wachsen könnte Spargel überall, wobei sich natürlich die feinen Nuancen im Aroma nur in bestimmten Regionen entwickeln. Die sandigen Böden liefern nicht nur die geschmacklichen Varianten, sondern sind die Voraussetzung dafür, dass die Triebe kerzengerade in die Höhe schießen können. Jedes Hindernis aus Lehm oder Humus hätte ein Ausweichmanöver zur Folge, das eine missratene Stange hervorbringt, die auf dem Teller keinen Platz hat.

Auch sonst besteht der Spargel auf beste Behandlung. Erst wenn eine Reihe von Sonderkulturen ein spezifisches Nährstoffangebot im Boden hinterlassen hat, kann ein Feld mit jungen Setzlingen aufgebaut werden. Diese bekommen eine dreijährige Ruhepause, bevor erstmals das Stechmesser angesetzt wird. Dann treibt die Pflanze zehn Jahre lang im zeitigen Frühjahr die Sprossen, bevor ihre Kraft erschöpft ist.

Technik und Chemie ließen im Laufe der Zeit die Erträge ins Uferlose steigen und Konservierungsfachleute packten alles in Dosen, was sich auch nur annähernd eignete. Die Nouvelle Cuisine bezeichnete dies als „Vandalismus wider den Gaumen."

So liegen die Stängelchen aus der Dose geradezu jämmerlich im Kochtopf, wenn man sie mit den knackig frischen, soeben gestochenen

Exemplaren vergleicht. Spargel gehört, wie schon in alten Zeiten, immer frisch vom Feld auf den Tisch. Er war schon immer ein Saisongemüse, das die Feinschmecker alljährlich auf Wanderschaft gehen lässt – zu den Orten, wo er gedeiht.

Die Technik spielt auch heute noch eine untergeordnete Rolle, wenn es darum geht, die edlen Stangen aus der Erde zu holen. Zwar ist nicht mehr mühevolle Muskelarbeit hinter Spezialpflügen gefordert, die übernehmen PS-starke Traktoren, jedoch ist die Ernte ist nach wie vor Schwerstarbeit. Keine Maschine, kein Computer oder sensorgesteuerte Technik können das Geschick und Gefühl für die Pflanze ersetzen. Die einzigen Utensilien, die zur Ernte benötigt werden, sind ein langes Stechmesser, mit dem der Trieb vom Wurzelstock getrennt wird, und eine Art Maurerkelle zum Glattstreichen des Bodens.

Die Arbeit auf den Spargeläckern beginnt sehr früh am Morgen und dauert bis zum späten Abend. Überall, wo sich die Erde ein wenig hebt, wühlen fleißige Hände den jungen Trieb frei, trennen ihn mit einem präzisen Stich vom Wurzelstock und schließen die Wunde im Boden wieder. So wandert Stange für Stange in die Körbe. Ein Blick ans Tageslicht wird der Delikatesse verwehrt, denn der hätte violette Töne im „Teint" zur Folge, und die schätzen weder die Anbauer noch die Konsumenten.

Weiss oder grün – der Unterschied

Als grünen Spargel bezeichnet man im Allgemeinen den Spargel, der nicht in Dämmen kultiviert wird und sich unter dem Einfluss des Lichtes grün färbt. Botanisch besteht kein Unterschied innerhalb der Sorten, die grüne Farbe richtet sich nach dem sortenspezifischen Anthozyangehalt.

Da der grüne Spargel nicht aus dem Damm gestochen werden muss, kann er auch auf durchlässigen, schwereren Böden angebaut werden. Nasse und kalte Böden, sturm-, spätfrost- oder nebelgefährdete Lagen scheiden allerdings aus. Für zarte Stangen sind milde Klimalagen noch wichtiger als beim Bleichspargel. Grüner Spargel reagiert auf Temperaturschwankungen stärker und kalte Witterung verzögert die Grünfärbung der Stangen.

Die Ernte des grünen Spargels beginnt bei gut entwickelten Junganlagen bereits im zweiten Jahr. Man lässt sie 20 bis 25 cm aus dem Boden herauswachsen und schneidet sie dann über dem Erdboden mit einem scharfen Küchenmesser ab. Die Ernte im Frühjahr dauert je nach Witterung 35 bis 45 Tage, ist problemlos und kann jeweils den ganzen Tag durchgeführt werden.

Auch grüner Spargel sollte möglichst frisch vom Feld in den Verkauf gelangen. Im Gegensatz zum weißen wird der grüne Spargel nur im unteren Drittel geschält und gewaschen.

Grüner Spargel hat weltweit gesehen eine größere Bedeutung als Bleichspargel, dennoch wird er bei uns von den Verbrauchern nur zögerlich angenommen. Er schmeckt anders, hat bei der Zubereitung eine wesentlich kürzere Garzeit, besitzt mehr wertgebende Inhaltsstoffe und ist sehr vielfältig verwendbar.

Qualitätsnorm für Spargel

Für die Vermarktung von Spargel gilt die EG-Qualitätsnorm. Eine Ausnahme gilt für den Ab-Hof-Verkauf im Erzeugerbetrieb an Endverbraucher für deren persönlichen Bedarf und für Spargel, der in der Stangenmitte einen geringeren Durchmesser als 6–8 mm aufweist. Dieser Spargel wird als dünner Spargel oder Suppenspargel angeboten.

Mindesteigenschaften für alle Güteklassen

Wie müssen die Stangen sein?

1. ganz und die Köpfe und Stangen nicht beschädigt
2. gesund und frei von Fäulnisbefall
3. sauber, d.h. frei von Erde und sonstigen sichtbaren Fremdstoffen
4. von frischem Aussehen und Geruch
5. praktisch frei von Quetschungen und Druckstellen
6. die Schnittfläche am unteren Ende der Stange muss möglichst glatt sein
7. nicht hohl, gespalten, abgeschält oder gebrochen
8. frei von Schäden, die durch unsachgemäßes Waschen hervorgerufen wurden (die Spargelstangen dürfen gewaschen, aber nicht gewässert sein)

Grössensortierung

Längensortierung:
bis 12 cm = Spargelköpfe
12 bis 17 cm = kurzer Spargel
ab 17 cm bis max. 22 cm = langer Spargel (weiß oder violett)
ab 17 cm bis max. 27 cm = langer Grünspargel

Mindestdurchmesser:
12 mm bei weißem oder violettem Spargel
10 mm bei Grünspargel

Ein Wort zur Zubereitung von Spargel

Weißer Spargel wird immer vom Kopf abwärts geschält und das Ende abgeschnitten. Zum Garen erhitzt man Salzwasser, dem etwas Butter, eine halbe Zitrone und eine Prise Zucker zugegeben werden. Die Stangen werden lose eingelegt und bei nicht zu starker Hitze „bissfest“ gegart. Die Garzeit richtet sich nach der Dicke der Stangen.

Grüner Spargel wird nur am unteren Ende geschält, das Ende abgeschnitten und die Stangen vorsichtig gewaschen. Sie sind meist dünner und damit empfindlicher und benötigen auch weniger Garzeit. Meistens reichen 10 bis 12 Minuten aus. Spargelstangen werden am Liebsten ganz mit einer feinen Sauce, zum Beispiel der berühmten Hollandaise, serviert, aber auch für Suppen und Salate ist er bestens geeignet. Doch egal, für welches Gericht Sie sich entscheiden – Sie sollten den Spargel immer gegart verwenden.

SPARGEL

Spargel-Carpaccio mit Lachs

Für 4 Personen:
400 g weißer Spargel
400 g grüner Spargel
100 g Kirschtomaten
4 Sweeties
100 g Friséesalat
1/2 Tasse Himbeeressig
2 Knoblauchzehen
1 Tasse Gemüsebrühe
Saft von 1 Orange
1 EL Dijonsenf
1–2 EL Honig
Salz, Pfeffer aus der Mühle
1 Prise Cayennepfeffer
1 Prise Zucker
1/2 Tasse Olivenöl
400 g geräucherter Lachs
Sweetiefilets
Kräuterzweige zum Garnieren

★ Den weißen und den grünen Spargel großzügig schälen und der Länge nach in hauchdünne Scheiben schneiden.

★ Die Kirschtomaten putzen, waschen, halbieren oder vierteln.

★ Die Sweeties schälen und in dünne Scheiben schneiden oder filieren, den Friséesalat verlesen, waschen, gut abtropfen lassen und in mundgerechte Stücke zerpflücken.

★ Die Carpaccio-Zutaten dekorativ auf Tellern anrichten.

★ Den Himbeeressig mit den geschälten, fein gehackten Knoblauchzehen vermischen.

★ Die Gemüsebrühe, den Orangensaft, den Dijonsenf und den Honig zum Essig geben und verrühren. Mit Salz, Pfeffer, Cayennepfeffer und Zucker kräftig abschmecken.

★ Das Olivenöl tropfenweise einrühren und die Marinade gleichmäßig über dem Spargel verteilen.

★ Den geräucherten Lachs auf dem Spargel-Carpaccio anrichten, mit Sweetiefilets und Kräuterzweigen ausgarnieren und sofort servieren.

Spargelsalat mit Käse

Für 4 Personen:
je 500 g gekochter weißer und grüner Spargel
250 g Butterkäse
2 EL Butter oder Margarine
1 Zwiebel
4 Karotten
1 Glas Weißwein
1/4 l Gemüsebrühe
2 Becher körniger Frischkäse
1 Schuss Sahne
2 Knoblauchzehen
1 TL Salz
1 Zwiebel
Salz
Pfeffer aus der Mühle
1 Prise Zucker
1 Prise Cayennepfeffer
1 TL gemahlener Koriander
1 Bund Schnittlauch

★ Den Spargel gut abtropfen lassen und in mundgerechte Stücke schneiden, mit dem gewürfelten Butterkäse in eine Schüssel geben.

★ Die Butter oder Margarine in einem Topf erhitzen und die geschälte, fein gehackte Zwiebel darin anschwitzen.

★ Die Karotten schälen und in die Größe des Spargels schneiden. Zu den Zwiebeln geben und kurz mitschwitzen.

★ Mit Weißwein ablöschen und mit der Gemüsebrühe auffüllen. Die Karotten bei mäßiger Hitze bissfest garen. Vom Herd nehmen, gut abtropfen lassen und unter den Spargel heben.

★ Für das Dressing den Frischkäse mit der Sahne, den mit Salz zerriebenen Knoblauchzehen und der fein geriebenen Zwiebel vermischen.

★ Mit Salz, Pfeffer, Zucker, Cayennepfeffer, Kümmel und Koriander kräftig abschmecken und den Salat damit anmachen.

★ Den Salat anrichten, mit frisch geschnittenem Schnittlauch bestreuen, ausgarnieren und sofort servieren.

Spargel-Erdbeersalat

Für 4 Personen:
200 g grüner Spargel
200 g weißer Spargel
1 kleiner Kopf Friséesalat
100 g junge Spinatblätter
100 g blaue Weintrauben
100 g frische Erdbeeren
1 Tasse Himbeeressig
Saft von 1 Orange
Saft von 1 Limette
Salz, Pfeffer aus der Mühle
1–2 EL Honig
1 Tasse kaltgepresstes Traubenkernöl

★ Den grünen und den weißen Spargel großzügig schälen, die Enden abschneiden und den Spargel roh in feine Scheibchen schneiden.

★ Den Friséesalat und die Spinatblätter verlesen, waschen, gut abtropfen lassen, in mundgerechte Stücke zerpflücken.

★ Die Weintrauben waschen, halbieren, entkernen. Die Erdbeeren putzen, waschen und in Scheiben schneiden.

★ Die Salatzutaten vorsichtig miteinander vermischen und auf Tellern dekorativ anrichten.

★ Für das Dressing den Himbeeressig mit dem Orangensaft und dem Limettensaft in eine Schüssel geben und verrühren. Mit Salz, Pfeffer und Honig verfeinern.

★ Tropfenweise das Traubenkernöl unter das Dressing rühren, den Salat damit beträufeln, ausgarnieren und servieren.

Lauwarmer Spargel mit Eiervinaigrette

Für 4 Personen:
1 kg weißer Spargel
Salzwasser
1 Zitrone
1–2 EL Butter
1 Prise Zucker
Für die Vinaigrette:
1 Zwiebel
250 ml Spargelfond
100 ml Weißweinessig
100 ml Olivenöl
1 Tasse gemischte, gehackte Kräuter (Kerbel, Estragon, Petersilie)
Salz
Pfeffer aus der Mühle
1 Prise Zucker
4 Eier

★ Den Spargel sorgfältig von oben nach unten schälen und die unteren Enden abschneiden.

★ Reichlich Salzwasser in einem Topf erhitzen und die halbierte Zitrone, die Butter und den Zucker hineingeben.

★ Den Spargel in das Kochwasser geben und in 15–20 Minuten bissfest garen. Herausnehmen und gut abtropfen lassen.

★ Für die Vinaigrette die Zwiebel schälen und fein hacken und mit dem Spargelfond in eine Schüssel geben.

★ Den Weißweinessig und das Olivenöl einrühren. Die verlesenen, gewaschenen und fein gehackten Kräuter untermischen und das Ganze mit Salz, Pfeffer und Zucker kräftig abschmecken.

★ Die Eier hart kochen, abschrecken, pellen, klein schneiden und in die Vinaigrette einrühren.

★ Den noch lauwarmen Spargel dekorativ anrichten, mit der Eiervinaigrette überziehen, ausgarnieren und sofort servieren.

Marinierter Spargel alla Parma

Für 4 Personen:
1 kg weißer Spargel
Salzwasser
2 EL Butter
1/2 Zitrone
1/2 Orange
1 Prise Zucker
Außerdem:
100 g Cocktailtomaten
2 Kästchen Kresse
8 Scheiben Parmaschinken
Für das Dressing:
1/2 Tasse weißer Balsamico-Essig
Saft von 2 Limetten
Salz, Pfeffer aus der Mühle
1 Prise Zucker
1 Tasse kaltgepresstes Traubenkernöl
frisch gehobelter Parmesankäse
Limettenscheiben zum Garnieren

★ Den Spargel dünn schälen, die unteren Enden großzügig abschneiden und portionsweise 5–6 Spargelstangen zusammenbinden.

★ Das Salzwasser in einem Topf zum Kochen bringen.

★ Die Butter, die Zitronen- und Orangenhälfte sowie den Zucker dazugeben und kurz ziehen lassen.

★ Den Stangenspargel einlegen und bei mäßiger Hitze 12–15 Minuten garen. Herausnehmen, gut abtropfen lassen und in mundgerechte Stücke schneiden.

★ Die Kirschtomaten waschen, nach Geschmack vierteln oder achteln, mit dem Spargel und der verlesenen, gewaschenen Kresse dekorativ auf Tellern anrichten.

★ Die Schinkenscheiben in Streifen schneiden Limettensaft verrühren, mit Salz, Pfeffer und Zucker abschmecken und das Traubenkernöl tropfenweise einrühren.

★ Den Salat mit dem Dressing beträufeln und kurz ziehen lassen. Mit gehobeltem Parmesankäse bestreuen, mit Limettenscheiben ausgarnieren und sofort servieren.

Geflügelsalat mit Spargel

Für 4 Personen:
400 g gekochte oder gebratene Hähnchenbrustfilets
100 g gekochter Schinken
1 Zwiebel
1 Dose Pfifferlinge
je 400 g gekochter grüner und weißer Spargel
3–4 EL Sherryessig
Saft von 1 Zitrone
1 Becher Sahne
Salz
Pfeffer aus der Mühle
1 EL Paprikapulver
1 TL Curry
einige Salatblätter
Kräuterzweige zum Garnieren

★ Die Hähnchenbrustfilets in feine Würfel oder Scheiben schneiden. Die geschälte, fein gehackte Zwiebel dazugeben.

★ Die Pfifferlinge abtropfen lassen und mit dem in mundgerechte Stücke geschnittenen Spargel und den restlichen Zutaten in einer Schüssel vorsichtig vermischen.

★ Den Sherryessig, den Zitronensaft und die Sahne in einer Schüssel verrühren, mit Salz, Pfeffer, Paprika und Curry kräftig abschmecken.

★ Den Salat damit anmachen und 15 Minuten ziehen lassen. Die Salatblätter anrichten und den Salat darauf verteilen. Mit Kräuterzweigen ausgarnieren und servieren.

Sprossensalat mit Lachs

Für 4 Personen:
800 g weißer Spargel
Salzwasser
1–2 EL Butter
1/2 Zitrone
1/2 Orange
1 Prise Zucker
Außerdem:
4 gekochte Kartoffeln
1 kleine Salatgurke
2 Schalotten
100 g Alfalfasprossen
8 Scheiben Räucherlachs
1 Kästchen Kresse
Für das Dressing:
1/8 l Spargelbrühe
2–3 EL Weißweinessig
1–2 EL Dijonsenf
1–2 EL Honig
Salz, Pfeffer aus der Mühle
1/2 Tasse Olivenöl

★ Den Spargel dünn schälen, die unteren Enden großzügig abschneiden und bereitstellen. Das Salzwasser in einen Topf geben und zum Kochen bringen.

★ Die Butter, die Zitronen- und Orangenhälfte sowie den Zucker dazugeben und kurz ziehen lassen.

★ Anschließend den Spargel einlegen und bei mäßiger Hitze in 12–15 Minuten garen. Herausnehmen und gut abtropfen lassen.

★ Die gekochten Kartoffeln in Scheiben schneiden, die Salatgurke putzen, waschen, schälen und in Würfel schneiden.

★ Die Alfalfasprossen verlesen, waschen, gut abtropfen lassen. Die Schalotten schälen und in feine Würfel schneiden.

★ Den ausgekühlten Spargel in mundgerechte Stücke schneiden, mit den restlichen Zutaten dekorativ anrichten.

★ Die Räucherlachsscheiben dazulegen und das Ganze mit der verlesenen Kresse bestreuen.

★ Für das Dressing die Spargelbrühe mit dem Weißweinessig, dem Senf und dem Honig in eine Schüssel geben und glatt rühren, mit Salz und Pfeffer würzen.

★ Das Olivenöl tropfenweise in das Dressing einrühren. Anschließend gleichmäßig auf dem Salat verteilen, den Salat ausgarnieren und sofort servieren.

Spargelsalat mit Spinat und Crevetten

FÜR 4 PERSONEN:
je 250 g bissfest gegarter weißer und grüner Spargel
200 g Crevetten oder gekochte Garnelenschwänze
100 g Mandarinenfilets
2–3 Frühlingszwiebeln
100 g frische junge Spinatblätter
Außerdem:
1/2 Tasse Olivenöl
1/2 Tasse Himbeeressig
Saft von 1 Zitrone
Salz, Pfeffer aus der Mühle
1 Prise Zucker
1–2 EL Honig
frisch geschnittener Schnittlauch

★ Den bissfest gegarten Spargel in größere Stücke schneiden und bereitstellen. Die Crevetten oder Garnelenschwänze unter fließendem Wasser waschen, gut abtropfen lassen, die Mandarinenfilets abtropfen lassen und zum Spargel geben.

★ Die Frühlingszwiebeln putzen, waschen, in dünne Streifen schneiden, die Spinatblätter verlesen, waschen und gut abtropfen lassen. Je nach Größe zerpflücken oder in Streifen schneiden.

★ Das Olivenöl in einer Pfanne erhitzen, den Spargel, die Crevetten und die Frühlingszwiebeln dazugeben, kurz durchschwenken und in eine Schüssel geben.

★ Die Mandarinenfilets und die Spinatblätter unterheben und den Salat dekorativ auf Tellern anrichten.

★ Den Himbeeressig mit dem Zitronensaft verrühren, mit Salz, Pfeffer und Zucker kräftig würzen und mit Honig nach Geschmack verfeinern.

★ Das Dressing gleichmäßig auf dem Salat verteilen, das Ganze mit frisch geschnittenem Schnittlauch bestreuen, ausgarnieren und servieren.

Spargelsüppchen mit Garnelen

Für 4 Personen:
250 g weißer Spargel
Salzwasser
Saft von 1 Zitrone
1 Prise Zucker
1 kleine Zwiebel
1–2 EL Butter
1 EL Mehl
1/2 l Spargelsud
4 cl Martini
1 Becher Sahne
Salz
Pfeffer aus der Mühle
8 küchenfertige Garnelen
1/2 Bund Petersilie
2 Lauchzwiebeln

★ Den Spargel dünn schälen und bereitstellen.

★ Reichlich Salzwasser in einem Topf erhitzen, den Zitronensaft und den Zucker dazugeben und den Spargel darin bissfest garen. Herausnehmen, gut abtropfen lassen und vom Sud einen halben Liter abmessen.

★ Die Zwiebel schälen, fein hacken und in der erhitzten Butter glasig schwitzen. Das Mehl darüber stäuben und kurz rösten.

★ Den Spargelsud angießen und das Ganze 10 Minuten kochen lassen.

★ Mit dem Martini aromatisieren, die Sahne einrühren und den in mundgerechte Stücke geschnittenen Spargel unterheben.

★ Die Suppe nach Geschmack im Mixer oder mit dem Pürierstab pürieren, einmal aufkochen, mit Salz und Pfeffer würzen, die Garnelen einlegen und 5–7 Minuten ziehen lassen.

★ Die Suppe nochmals abschmecken, dekorativ anrichten, mit Petersiliensträußchen und in feine Stücke geschnittenen Lauchzwiebeln ausgarnieren und sofort servieren.

Grüner Spargeltopf mit Melisse

Für 4 Personen:
500 g frischer grüner Spargel
1 l Salzwasser
1 Prise Zucker
1 Zitronenscheibe
2 Putenschnitzel
2 EL Butter oder Margarine
50 g durchwachsener, geräucherter Speck
1 Zwiebel
1 Glas leichter Weißwein
einige Tropfen Zitronensaft
1 Thymianzweig
1/4 l Sahne
Salz
weißer Pfeffer aus der Mühle
1 Prise Zucker
1 Prise Cayennepfeffer
Johannisbrotkernmehl zum Binden
1/2 Bund Zitronenmelisse

★ Den Spargel dünn schälen, in leichtem Salzwasser mit etwas Zucker und der Zitronenscheibe 10–12 Minuten gar ziehen lassen. Herausnehmen und mit dem Fond bereitstellen.

★ Die Putenschnitzel in Streifen schneiden. Den Speck in kleine Würfel schneiden, mit der Butter oder Margarine auslassen. Das Putenfleisch zum Speck geben und 5–6 Minuten anbraten.

★ Die Zwiebel in feine Würfel schneiden, zum Fleisch geben, kurz mitbraten und mit dem Weißwein ablöschen. Etwas Zitronensaft und den Thymianzweig dazugeben und 10–15 Minuten garen.

★ Den abgetropften Spargel, etwas Spargelfond und die Sahne dazugeben.

★ Mit Salz, Pfeffer, Zucker und Cayennepfeffer würzen und 6–8 Minuten köcheln lassen.

★ Den Spargeltopf je nach Geschmack mit Johannisbrotkernmehl binden.

★ Nach Ende der Garzeit den grünen Spargeltopf nochmals kräftig abschmecken, mit der verlesenen, gewaschenen und fein gehackten Zitronenmelisse bestreuen, ausgarnieren und servieren.

Cremesuppe vom grünen Spargel

Für 4 Personen:
600 g grüner Spargel
Salzwasser
Saft von 1 Zitrone
1 Prise Zucker
2 Schalotten
1–2 EL Butter
1/8 l trockener Weißwein
1/2 l Spargelsud
Salz
Pfeffer aus der Mühle
1 Prise Muskat
1 Becher Crème fraîche
300 g küchenfertiges Lachsfilet
Olivenöl zum Braten
1 Becher geschlagene, leicht gesalzene Sahne
Basilikumblättchen zum Garnieren

★ Den Spargel am unteren Drittel dünn schälen. Die Spitzen abschneiden und in Salzwasser mit etwas Zitronensaft und Zucker bissfest garen. Herausnehmen und bereitstellen.

★ Die Spargelenden in Stücke schneiden, einlegen und ebenfalls bissfest garen. Herausnehmen, gut abtropfen lassen und vom Sud einen halben Liter abmessen.

★ Die Schalotten schälen, fein hacken und in der erhitzten Butter glasig schwitzen. Mit dem Weißwein ablöschen, den Spargelsud angießen, die Spargelenden einlegen und einmal aufkochen lassen.

★ Die Suppe im Mixer oder mit dem Pürierstab pürieren, die Crème fraîche einrühren, erneut erhitzen und mit Salz, Pfeffer und Muskat kräftig würzen.

★ Das küchenfertige Lachsfilet in Würfel schneiden, mit Salz und Pfeffer würzen und in etwas erhitztem Olivenöl braten.

★ Die Cremesuppe dekorativ anrichten, die gebratenen Lachswürfel einlegen, mit Sahnerosetten und Basilikumblättchen ausgarnieren und sofort servieren.

Kokos-Zitronen-Suppe mit Spargel

Für 4 Personen:
300 g Lachsfilet
einige Tropfen Zitronensaft
einige Tropfen Worcestersauce
Salz, Pfeffer aus der Mühle
Außerdem:
300 g grüner Spargel
1/4 l Gemüsebrühe
Saft von 1 Zitrone
Saft von 1 Limette
1 rote Chilischote
100 g Zuckererbsenschoten
100 ml Weißwein
800 ml Kokosmilch (Dose)
1 Prise Zucker
Zitronenmelisse zum Garnieren

★ Die küchenfertigen Lachsfilets unter fließendem Wasser waschen, trockentupfen und in Würfel schneiden. Mit Zitronensaft und Worcestersauce beträufeln, mit Salz und Pfeffer würzen und im Kühlschrank 10–15 Minuten ziehen lassen.

★ In der Zwischenzeit den grünen Spargel putzen, die Enden abschneiden und den Spargel in größere Stücke schneiden.

★ Die Gemüsebrühe in einem Topf erhitzen, den Zitronen- und den Limettensaft dazugeben. Den Spargel einlegen und bei mäßiger Hitze 8–10 Minuten köcheln lassen.

★ Die Chilischote halbieren, entkernen, in Streifen schneiden und zum Spargel geben. Die Zuckererbsen verlesen, waschen, gut abtropfen lassen und ebenfalls zum Spargel geben.

★ Den Weißwein und die Kokosmilch angießen und einmal aufkochen lassen. Das Ganze mit Salz, Pfeffer und Zucker abschmecken. Die Fischwürfel in die Suppe geben und in 4–5 Minuten gar ziehen lassen.

★ Die Kokos-Zitronen-Suppe dekorativ anrichten, mit Zitronenmelisseblättchen garnieren und sofort servieren.

Sülze von Spargel und Lachs

Für 4 Personen:
6 Stangen grüner Spargel
6 Stangen weißer Spargel
Salzwasser, 1 Prise Zucker
400 g Frischlachsfilet ohne Haut und Gräten
2 hart gekochte Eier
400 ml klarer Fischfond
Salz, weißer Pfeffer aus der Mühle
7 Blatt weiße Gelatine
Außerdem:
1 Becher flüssige Sahne
1 Tasse gemischte, gehackte Kräuter (Petersilie, Dill, Schnittlauch)
einige Tropfen Rotweinessig

★ Den grünen Spargel im unteren Teil schälen und das untere Ende abschneiden.

★ Den weißen Spargel ebenfalls dünn schälen und das untere Ende abschneiden.

★ Salzwasser zum Kochen bringen, mit Zucker abrunden und den Spargel darin bissfest garen, herausnehmen und in Eiswasser schnell abkühlen lassen. So behält der Spargel seine Farbe und kann nicht nachgaren.

★ Die küchenfertigen Frischlachsfilets in 1 cm große Würfel schneiden und bereitstellen. Den Spargel ebenfalls in 1 cm große Stücke schneiden, die Eier pellen und in Scheiben oder Würfel schneiden.

★ Den Fischfond erhitzen, aber nicht kochen, die Lachswürfel einlegen und etwa 1 Minute garen. Den Fischfond mit Salz und Pfeffer würzen.

★ Die gut gewässerte Gelatine im Fischfond auflösen lassen.

★ Die Spargelstücke, die Lachswürfel und das Ei in dekorative, kleine Förmchen schichten, mit dem noch lauwarmen Fond überziehen und im Kühlschrank vollständig fest werden lassen.

★ Die Sülze aus den Förmchen stürzen und dekorativ anrichten, mit Blattsalaten umlegen und den Kräuterschmand dazugeben.

★ Für den Kräuterschmand die flüssige Sahne mit den verlesenen, gewaschenen und fein gehackten Kräutern verrühren, mit Salz und Pfeffer würzen und mit Rotweinessig abrunden. Das Ganze ausgarnieren und sofort servieren.

Kräuter-Rahm-Dip

Für 4 Personen:
250 g Sauerrahm
1/2 Tasse Sahne
Salz, Pfeffer aus der Mühle
1 Prise Cayennepfeffer
einige Tropfen Zitronensaft
einige Tropfen Worcestersauce
1 Tasse gehackte Kräuter

★ Den Sauerrahm mit der Sahne in eine Schüssel geben und glatt rühren.

★ Das Ganze mit Salz, Pfeffer, Cayennepfeffer, Zitronensaft und Worcestersauce abschmecken.

★ Die verlesenen, gewaschenen und frisch gehackten Kräuter unterrühren.

Feine Spargelsülze

Für 4 Personen:

300 g grüner Spargel
1/2 l Gemüsebrühe
einige Tropfen Zitronensaft
einige Tropfen Worcestersauce
300 g Karotten
Außerdem:
4 cl Martini
Salz, weißer Pfeffer aus der Mühle
1 Prise Muskat
1/4 l Sahne
8–10 Blatt weiße Gelatine
1 kleine Dose schwarze Trüffel
Für die Karottenvinaigrette:
1/2 Tasse Spargelfond
3–4 EL weißer Balsamico-Essig
3–4 EL Haselnussöl
Feldsalat und Friséesalatblätter zum Garnieren

★ Den grünen Spargel putzen, die Enden abschneiden, je nach Bedarf schälen und bereitstellen. Die Gemüsebrühe in einem Topf erhitzen, mit Zitronensaft und Worcestersauce abrunden.

★ Den Spargel in den Sud legen und bei mäßiger Hitze 8–10 Minuten garen. In der Zwischenzeit die Karotten schälen und der Länge nach in hauchdünne Scheiben schneiden.

★ Die Karottenscheiben zum Spargel geben und kurz mitgaren. Anschließend herausnehmen, gut abtropfen lassen.

★ Den Spargelfond bei starker Hitze zur Hälfte einreduzieren lassen.

★ Den Spargelfond mit Martini aromatisieren, mit Salz und weißem Pfeffer sowie Muskat abrunden und die Sahne dazugeben.

★ Den Spargelfond vom Herd nehmen und die gut gewässerte Gelatine darin vollständig auflösen.

★ Eine Dreieck-Pastetenform mit dem Spargelfond füllen, die Form in Eiswasser stellen und die Ränder fest werden lassen.

★ Die Pastetenform aus dem Eiswasser nehmen, an der Oberseite einschneiden und den flüssigen Spargelfond in eine Schüssel auslaufen lassen.

★ Jetzt die Karottenscheiben einlegen, erneut den Fond einfüllen und im Eiswasser die Ränder fest werden lassen.

★ Den flüssigen Spargelfond erneut in eine Schüssel gießen, nun mit in Würfel geschnittenen Trüffeln und dem Spargel auslegen, den Fond einfüllen und erneut fest werden lassen.

★ Als letzte Schicht Karottenscheiben zum Abdecken verwenden, mit dem restlichen Spargelfond auffüllen und im Kühlschrank vollständig fest werden lassen.

★ Zum Anrichten die Spargelpastete aus der Form stürzen, in Scheiben schneiden und dekorativ auf Teller legen.

★ Für die Vinaigrette den Saft der Trüffel in eine Schüssel geben, den Spargelfond dazugeben, die restlichen Karotten in Würfel schneiden und ebenfalls untermischen.

★ Die Vinaigrette mit weißem Balsamico-Essig, Salz, Pfeffer und Zitronensaft abschmecken und das Haselnussöl einrühren.

★ Den Feldsalat und den Friséesalat verlesen, waschen, gut abtropfen lassen und in Stücke zerpflücken und dekorativ auf die Teller legen.

★ Die Karottenvinaigrette gleichmäßig auf dem Salat verteilen, etwas Vinaigrette um die Pastetenscheiben verteilen, ausgarnieren und sofort servieren.

Spargel zum Sattessen

Spargelfrikassee

Für 4 Personen:

- 500 g Schweinefilet
- 1 Bund Frühlingszwiebeln
- 2 EL Butter oder Margarine
- Salz
- Pfeffer aus der Mühle
- 1 TL Mehl
- 1 Tasse Kalbsfond
- 1 Tasse trockener Weißwein
- 500 g Spargel
- 250 g Champignons
- einige Tropfen Zitronensaft
- 1 Eigelb
- 200 g Crème fraîche mit Kräutern
- 1 Tasse gehackte Kräuter

★ Das küchenfertige Schweinefilet unter fließendem Wasser waschen, trockentupfen und in feine Streifen schneiden.

★ Die Frühlingszwiebeln verlesen, waschen, gut abtropfen lassen und in 3 cm große Stücke schneiden.

★ Die Butter oder Margarine in einer Pfanne erhitzen und das Fleisch darin kurz braten.

★ Die Frühlingszwiebeln dazugeben und kurz mitschwitzen. Salzen, pfeffern und mit Mehl bestäuben.

★ Den kalten Kalbsfond sowie den Weißwein angießen und zum Kochen bringen.

★ Den Spargel schälen, die Enden abschneiden und den Spargel in 3 cm lange Stücke schneiden. Den Spargel zum Fleisch geben und das Ganze bei mäßiger Hitze 10 Minuten köcheln lassen.

★ Die verlesenen, gewaschenen Champignons in Scheiben schneiden, mit Zitronensaft beträufeln, zum Fleisch geben und weitere 5 Minuten garen.

★ Das Eigelb mit der Crème fraîche verrühren, die fein gehackten Kräuter unterziehen und unter das Fleisch heben. Kurz erhitzen, aber nicht kochen lassen. Mit Salz und Pfeffer abschmecken, anrichten, ausgarnieren und servieren.

Spargel mit Pilzen und Eiern

Für 4 Personen:

- 800 g weißer Spargel
- 1/2 l Gemüsebrühe
- Saft von 1 Zitrone
- 2 EL Butter oder Margarine
- 1 Prise Salz
- 1 Prise Zucker
- 2 EL Butter oder Margarine
- 1 Zwiebel
- 200 g Mischpilze
- 1 Glas Weißwein
- 1/4 l gebundene helle Sauce
- 1–2 EL mittelscharfer Senf
- Salz
- Pfeffer aus der Mühle
- 1 Prise Cayennepfeffer
- 1 Prise Zucker
- 1/4 l Essigwasser
- 4 Eier

★ Den Spargel dünn schälen, die Enden großzügig abschneiden und den Spargel bereitstellen.

★ Die Brühe mit dem Zitronensaft und dem Fett in einen Topf geben und zum Kochen bringen, mit Salz und Zucker abrunden.

★ Den Spargel in den Sud legen und 10–15 Minuten bissfest garen.

★ In der Zwischenzeit das Fett erhitzen und die fein gehackte Zwiebel darin glasig schwitzen.

★ Die Mischpilze klein schneiden, zu den Zwiebeln geben und kurz mitschwitzen.

★ Mit Weißwein ablöschen, mit der gebundenen hellen Sauce auffüllen und einmal aufkochen lassen.

★ Die Sauce mit Senf, Salz, Pfeffer, Cayennepfeffer und Zucker abschmecken und bereitstellen.

★ Das Essigwasser erhitzen, vorsichtig die Eier aufschlagen, in das Essigwasser geben und darin pochieren.

★ Den Spargel dekorativ anrichten, die Sauce mit den Pilzen dazugeben, die pochierten Eier einsetzen, mit Kräuterzweigen ausgarnieren und sofort servieren.

Piccata vom Hähnchen mit Spargel

Für 4 Personen:

Für die Piccata:
4 Hähnchenbrustfilets
Salz, Pfeffer aus der Mühle
Mehl zum Wenden
2–3 Eier
100 g geriebener Parmesankäse
Olivenöl zum Braten

Für das Spargelgemüse:
1 kg weißer Spargel
Salzwasser, 2 EL Butter
1/2 Zitrone, 1/2 Orange
1 Prise Zucker

Für die Sauce Hollandaise:
4 Eigelb, 125 ml Weißwein
Saft von 1 Zitrone
einige Tropfen Worcestersauce
200 g flüssige Butter (handwarm)
Salz, Pfeffer aus der Mühle
1 Prise Cayennepfeffer

Außerdem:
Kräuterzweige und halbierte Cocktailtomaten zum Garnieren

★ Die Hähnchenbrustfilets unter fließendem Wasser waschen, trockentupfen und unter Folie leicht klopfen. Je nach Bedarf halbieren, mit Salz und Pfeffer würzen und im Mehl wenden.

★ Die Eier in eine Schüssel geben und mit dem Parmesankäse verschlagen. Anschließend die Hähnchenschnitzel durch die Eiermasse ziehen und im Olivenöl ausbacken. Herausnehmen und warm stellen.

★ Den Spargel dünn schälen und die unteren Enden abschneiden. Reichlich Salzwasser in einem Topf erhitzen, die Butter, die Zitrone, die Orange und etwas Zucker hineingeben, den Spargel einlegen und zuerst 10 Minuten kochen und dann weitere 5 Minuten ziehen lassen.

★ Für die Sauce Hollandaise die Eigelbe mit dem Weißwein und dem Zitronensaft in eine feuerfeste Schüssel geben.

★ Mit dem Schneebesen verschlagen und mit Worcestersauce aromatisieren.

★ Den Eigelbschaum im Wasserbad oder auf dem Herd zu einer Creme aufschlagen, vom Herd nehmen und die flüssige Butter tropfenweise vorsichtig in die Creme einrühren.

★ Die Sauce Hollandaise mit Salz, Pfeffer und Cayennepfeffer würzen.

★ Die Piccata dekorativ anrichten, den Spargel dazulegen und mit der Sauce Hollandaise überziehen.

★ Mit Kräuterzweigen und halbierten Cocktailtomaten ausgarnieren und nach Geschmack mit neuen Kartoffeln servieren.

Gnocchis von grünem Spargel

Für 4 Personen:
800 g grüner Spargel
Salzwasser, 1 EL Butter
1/2 Zitrone, 1 Prise Zucker
200 g gekochte Kartoffeln vom Vortag
100 g Mehl, 1–2 Eigelbe
Salz, Pfeffer aus der Mühle
1 Prise Muskat
1 Prise Koriander
Salzwasser zum Garen
Butter für die Form
100 g frisch geriebener Parmesankäse
Für das Gemüse:
800 g grüner Spargel
Salzwasser
1 EL Butter
1/2 Zitrone
1 Prise Zucker
4 Fleischtomaten
1 Zwiebel
1–2 EL Butter oder Margarine
einige Tropfen Zitronensaft
frisch geriebener Parmesankäse

★ Den Spargel am unteren Drittel dünn schälen und in Salzwasser mit der Butter, dem Zitronensaft und etwas Zucker bissfest garen. Herausnehmen, durch ein Sieb streichen und in eine Schüssel geben.

★ Die Kartoffeln pellen, durch die Kartoffelpresse drücken und zum Spargel geben. Das Mehl darüber sieben, die Eigelbe dazugeben und das Ganze zu einer glatten Masse verarbeiten.

★ Die Masse mit Salz, Pfeffer, Muskat und Koriander abschmecken. Mit einem Teelöffel kleine Gnocchis abstechen und in Salzwasser garen. Sie sind fertig, wenn sie oben schwimmen.

★ Die fertigen Gnocchis herausnehmen, gut abtropfen lassen und in eine ausgefettete Auflaufform geben. Mit dem Parmesankäse bestreuen und im auf 180–200 °C vorgeheizten Backofen überbacken, bis der Käse geschmolzen ist.

★ Den Spargel am unteren Drittel dünn schälen und in reichlich Salzwasser mit der Butter, dem Zitronensaft und etwas Zucker bissfest garen. Herausnehmen, gut abtropfen lassen und in mundgerechte Stücke schneiden. Die Tomaten enthäuten, entkernen und in Würfel schneiden.

★ Die Zwiebel schälen, fein hacken und in der erhitzten Butter oder Margarine glasig schwitzen. Den Spargel und die Tomatenwürfel dazugeben und kurz durchschwenken. Mit Salz, Pfeffer und Zitronensaft kräftig abschmecken.

★ Das Spargelgemüse dekorativ anrichten, die Gnocchis in die Mitte setzen, das Ganze mit frisch geriebenem Parmesankäse bestreuen, ausgarnieren und sofort servieren.

Grüne Nudeln mit Schinken

Für 4 Personen:

- 600 g frischer Spargel
- 1/2 l Gemüsebrühe
- Saft von 1 Zitrone
- 1 Zitronenhälfte
- 1 Glas Weißwein
- Salz, Pfeffer
- 1 Prise Zucker
- 3–4 EL Butter
- 200 g gekochter Schinken
- 1 Zwiebel
- 1 Becher Sahne
- 1 Prise Muskat
- 1 Tasse geriebener Parmesankäse
- 600 g bissfest gegarte grüne Bandnudeln

★ Den Spargel putzen, dünn schälen, in Stücke schneiden und bereitstellen.

★ Die Brühe mit dem Zitronensaft, der Zitronenhälfte und dem Wein in einen Topf geben und zum Kochen bringen.

★ Mit Salz, Pfeffer und Zucker kräftig würzen und die Butter in den Sud geben.

★ Den Spargel dazugeben und im Sud bissfest garen, herausnehmen und gut abtropfen lassen.

★ Die Butter erhitzen und den in Streifen geschnittenen Schinken sowie die gehackte Zwiebel darin glasig schwitzen.

★ 1 1/2 Tassen Spargelfond und die Sahne angießen und kräftig einreduzieren lassen. Das Ganze mit Salz, Pfeffer, Zucker und Muskat würzen.

★ Den Parmesankäse und die grünen Bandnudeln unter die Sauce heben, den Spargel dazugeben, nochmals erhitzen, abschmecken, anrichten, ausgarnieren und servieren.

Frischer Spargel im Kräuterfond

Für 4 Personen:

- 800 g weißer Spargel
- 2 EL Butter oder Margarine
- 2 Schalotten
- 1/4 l Weißwein
- 1/4 l Gemüsebrühe
- 1 EL weiße Pfefferkörner
- einige Wacholderbeeren
- 1 Lorbeerblatt
- Saft von 1 Zitrone
- Salz
- weißen Pfeffer aus der Mühle
- 1 Prise Zucker
- 1 Prise Muskat
- einige Sauerampferblätter
- einige Zweige Majoran
- einige Zweige Estragon
- 100 g roher Schinken

★ Den Spargel dünn schälen. Die Butter oder Margarine erhitzen und die in Würfel geschnittenen Schalotten darin glasig schwitzen, mit Weißwein und Gemüsebrühe ablöschen.

★ Die Pfefferkörner, die Wacholderbeeren, das Lorbeerblatt und den Zitronensaft dazugeben und bei mäßiger Hitze 5 Minuten ziehen lassen. Mit Salz, weißem Pfeffer, Zucker und Muskatpulver kräftig abschmecken.

★ Den Spargel in den Sud legen und 10–15 Minuten garen. Kurz vor dem Garende die klein geschnittenen Kräuter in den Sud geben und fertig garen.

★ Den Spargel anrichten und den Kräuterfond hinzufügen. Den rohen Schinken dazugeben, das Ganze ausgarnieren und sofort servieren.

★ Sehr gut eignet sich für dieses Gericht geräucherter Wildschinken; der Schinken vom Reh, vom Hirsch oder vom Wildschwein sollte allerdings nur leicht geräuchert sein.

Spargelrisotto

Für 4 Personen:
300 g Rundkornreis
2–3 EL Butter oder Margarine
1 Knoblauchzehe
1 TL Salz
1 Zwiebel
3/4 l Gemüse- oder Fleischbrühe
150 g geriebener Butterkäse
Salz, Pfeffer aus der Mühle
1 Prise Cayennepfeffer
1 Prise Muskat
1 Prise Korianderpulver
1/2 Becher Sahne
Außerdem:
400 g bissfest gegarter grüner und weißer Spargel
frisch gehobelter Parmesankäse
1/2 Bund Basilikum
100 g Cocktailtomaten

★ Den Rundkornreis unter fließendem Wasser waschen, gut abtropfen lassen und bereitstellen.

★ Die Butter oder Margarine in einem Topf erhitzen, die gehackte, mit Salz zerdrückte Knoblauchzehe dazugeben und kurz anschwitzen.

★ Die Zwiebel schälen, in feine Würfel schneiden, ins Knoblauchfett geben und kurz mitschwitzen.

★ Den Reis unterheben, glasig werden lassen, mit der Gemüse- oder Fleischbrühe auffüllen, erhitzen und anschließend im auf 180–200 °C vorgeheizten Backofen in 25–30 Minuten ausquellen lassen.

★ Den Butterkäse unter den Reis heben und das Ganze mit Salz, Pfeffer, Cayennepfeffer, Muskat und Koriander kräftig abschmecken, mit der Sahne verfeinern und nochmals erhitzen.

★ Den Spargel erhitzen, das Risotto dekorativ anrichten, mit den Spargelstücken belegen, mit gehobeltem Parmesankäse und dem in Streifen geschnittenen Basilikum bestreuen, mit den gewaschenen, halbierten Cocktailtomaten ausgarnieren und sofort servieren.

Grüner Spargel mit Speckzwiebeln

FÜR 4 PERSONEN:

800 g gruner Spargel
2 Zwiebeln
150 g durchwachsener, geräucherter Speck
2–3 EL Butterschmalz
frisch gehobelter Parmesankäse
Salatblätter und Cocktailtomaten zum Garnieren

★ Den grünen Spargel waschen, schälen, die Enden abschneiden und bereitstellen.

★ Die Zwiebeln schälen und in feine Würfel schneiden.

★ Den Speck in feine Würfel schneiden, das Butterschmalz in einem großen Bräter erhitzen und den Speck darin auslassen.

★ Die Zwiebeln dazugeben, kurz mitschwitzen.

★ Die Spargelstangen auf den Speck legen, den Topf verschließen und je nach Dicke der Spargelstangen 8–10 Minuten braten.

★ Den grünen Spargel dekorativ anrichten, mit den Speckzwiebeln überziehen und mit gehobeltem Parmesankäse bestreuen.

★ Das Ganze mit den verlesenen, gewaschenen und zerpflückten Salatblättern sowie den gewaschenen, halbierten Cocktailtomaten ausgarnieren und sofort servieren.

Gebratener Spargel mit Schweinefleisch

Für 4 Personen:
500 g Schweineschnitzel
Salz, Pfeffer aus der Mühle
4–5 EL Sojasauce
1 TL Fünfgewürzpulver
3–4 EL Sojaöl
1 Zwiebel
2 EL Obstessig
2 EL Honig
250 ml Gemüse- oder Fleischbrühe
500 g weißer Spargel
100 Sojabohnenkeimlinge
1 Bund Petersilie

★ Das Schnitzelfleisch unter fließendem Wasser waschen, trockentupfen und in Streifen schneiden.

★ Das Fleisch mit Salz und Pfeffer kräftig würzen, mit der Sojasauce beträufeln und mit Fünfgewürzpulver bestreuen.

★ Das Fleisch im Kühlschrank mindestens 30–40 Minuten marinieren.

★ Für die Zubereitung etwas Sojaöl in einem Wok oder einer großen Pfanne erhitzen und das Fleisch darin unter ständigem Rühren braten.

★ Die Zwiebel schälen, hacken, zum Fleisch geben und kurz mitbraten. Die restliche Marinade dazugeben, mit Obstessig und Honig verfeinern und die Gemüse- oder Fleischbrühe angießen.

★ Das Ganze einmal aufkochen lassen, aus der Pfanne nehmen und bereitstellen.

★ Den Spargel dünn schälen, in Scheiben schneiden, das restliche Sojaöl in die Pfanne geben und den Spargel darin unter ständigem Rühren 4–5 Minuten braten.

★ Die Pfanne verschließen und den Spargel bissfest dünsten. Kurz vor Garende die verlesenen, gewaschenen, gut abgetropften Sojabohnenkeimlinge dazugeben und kurz mitdünsten.

★ Das Fleisch in die Sauce geben, einmal aufkochen lassen, mit Salz und Pfeffer kräftig würzen, dekorativ anrichten, mit der verlesenen, gewaschenen, fein gehackten Petersilie bestreuen, ausgarnieren und sofort servieren.

Spargeltopf mit Kartoffeln

Für 4 Personen:
750 g Hähnchenbrustfilets
2 EL Sonnenblumenöl
Salz
Pfeffer aus der Mühle
1 EL Kräuter der Provence
1 l Fleischbrühe
500 g Kartoffeln
500 g bissfest gegarter Spargel
1 Becher Sahne
einige Tropfen Zitronensaft
einige Tropfen Worcestersauce
Kartoffelpüreepulver zum Binden
1 Bund Petersilie

★ Die Hähnchenbrustfilets in Würfel schneiden und im erhitzten Öl anbraten. Mit Salz, Pfeffer und Kräutern der Provence würzen, mit der Fleischbrühe auffüllen.

★ Die Kartoffeln nicht zu klein würfeln, zum Fleisch geben und 20–25 Minuten mitgaren.

★ Den Spargel in mundgerechte Stücke schneiden, mit der Sahne in den Eintopf geben und erhitzen.

★ Das Ganze mit Zitronensaft und Worcestersauce abrunden, mit Kartoffelpüreepulver binden, anrichten, mit fein gehackter Petersilie bestreuen, ausgarnieren und servieren.

Filetgeschnetzeltes mit Spargel

Für 4 Personen:
800 g Rinderfilet
Butterschmalz zum Braten
Salz
Pfeffer aus der Mühle
2–3 Schalotten
1 kg bissfest gegarter Spargel
3–4 Essiggurken
2 EL Tomatenmark
1 l fertige Bratensauce
einige Tropfen Zitronensaft
einige Tropfen Worcestersauce
1 Bund Schnittlauch

★ Das Rinderfilet waschen, trockentupfen, in feine Streifen schneiden und in etwas erhitztem Butterschmalz braten. Mit Salz und Pfeffer würzen, aus der Pfanne nehmen und warm stellen.

★ Die Schalotten schälen fein hacken, ins verbliebene Bratfett geben und glasig schwitzen.

★ Den Spargel in mundgerechte Stücke schneiden, dazugeben und kurz mitschwitzen. Die Essiggurken in dünne Streifen schneiden und ebenfalls dazugeben.

★ Das Tomatenmark einrühren und kurz rösten, mit der Bratensauce auffüllen und mit Salz, Pfeffer, Zitronensaft und Worcestersauce abschmecken. Das Fleisch dazugeben und das Ganze erhitzen, aber nicht kochen lassen.

★ Das Filetgeschnetzelte anrichten, mit dem verlesenen, gewaschenen und in Röllchen geschnittenen Schnittlauch bestreuen, ausgarnieren und servieren.

Spargel polnische Art

Für 4 Personen:
2 kg frischer Spargel
Salzwasser
2–3 EL Butter
1 Zitrone
1 Orange
1 Prise Zucker
Außerdem:
150 g Butter
1 Zwiebel
3 Brötchen
3 hart gekochte Eier
2 Kästchen Kresse
3–4 Tomaten
Salz, Pfeffer aus der Mühle
1 Prise Muskat
Saft von 1 Zitrone
1 Prise Zucker

★ Den Spargel dünn schälen, die unteren Enden großzügig abschneiden und bereitstellen.

★ Das Salzwasser in einem Topf erhitzen, die Butter, die Zitrone und die Orange waschen und halbieren mit dem Zucker in den Sud geben und kurz ziehen lassen.

★ Den Spargel einlegen und bei mäßiger Hitze in 12–15 Minuten garen.

★ In der Zwischenzeit die Butter in einem Topf erhitzen und die geschälte, fein gehackte Zwiebel darin glasig schwitzen.

★ Die Brötchen in Würfel schneiden, in die Zwiebelbutter geben und kurz rösten.

★ Die Eier pellen, in Würfel schneiden, mit der verlesenen Kresse und den enthäuteten, entkernten und in Würfel geschnittenen Tomaten zu den Brötchen geben und kurz durchschwenken.

★ Das Ganze mit Salz, Pfeffer, Muskat, Zitronensaft und Zucker kräftig abschmecken.

★ Den Spargel dekorativ anrichten, mit der Eiersauce überziehen, ausgarnieren und sofort servieren.

Spargel mit Zuckerschoten und Hähnchenbrust

Für 4 Personen:
1 kg weißer Spargel
500 ml Gemüsebrühe
1 EL Butter
1/2 Zitrone
1/2 Orange
1 Prise Zucker
Außerdem:
200 g Zuckerschoten
2–3 EL Butter
Salz, Pfeffer aus der Mühle
4 Hähnchenbrustfilets
Fett zum Braten
1 Zwiebel
1/4 l Sahne
Johannisbrotkernmehl oder Speisestärke zum Binden
Kräuterzweige zum Garnieren

★ Den Spargel dünn schälen, die unteren Enden großzügig abschneiden, in mundgerechte Stücke schneiden und bereitstellen.

★ Die Gemüsebrühe in einen Topf geben, die Butter, die Zitronen- und die Orangenhälfte sowie den Zucker dazugeben und kurz ziehen lassen.

★ Die Spargelstücke in den Sud einlegen und bei mäßiger Hitze in 12–15 Minuten bissfest garen, herausnehmen und gut abtropfen lassen.

★ Die Zuckerschoten verlesen, waschen, gut abtropfen lassen, in den Spargelfond geben und bissfest geben, herausnehmen und zum Spargel geben.

★ Die Butter in einer Pfanne erhitzen, den Spargel und die Zuckerschoten darin kurz schwenken, mit Salz und Pfeffer würzen.

★ Die küchenfertigen Hähnchenbrustfilets mit Salz und Pfeffer würzen, etwas Fett in einer Pfanne erhitzen und die Filets darin braten, herausnehmen und warm stellen.

★ 1/4 l Gemüsesud abmessen, die geschälte, fein gehackte Zwiebel ins verbliebene Bratfett geben, mit dem Gemüsesud und der Sahne auffüllen und bei starker Hitze kurz einreduzieren lassen.

★ Die Sauce je nach Geschmack mit Johannisbrotkernmehl oder Speisestärke leicht binden, mit Salz und Pfeffer abschmecken, mit dem Gemüse und den in Scheiben geschnittenen Hähnchenbrustfilets dekorativ anrichten, mit Kräuterzweigen ausgarnieren und sofort servieren.

Spargeltoast

Für 4 Personen:
8 Scheiben Vollkorntoastbrot
100 g Butter
1–2 EL Basilikum in Öl
16 dünne Scheiben Lachsschinken
500 g gekochter grüner Spargel
8 Scheiben gut schmelzender Käse
Schnittlauchröllchen und Eiachtel zum Garnieren

★ Die Vollkorntoastbrotscheiben toasten und mit der Butter bestreichen. Das Basilikum in Öl dünn auf der Butter verteilen.

★ Mit je 2 dünnen Scheiben Lachsschinken belegen und die grünen Spargelstangen dekorativ darauf anrichten.

★ Das Ganze mit je 1 Scheibe Käse abdecken und die Toasts im auf 180–200 °C vorgeheizten Backofen so lange überbacken, bis der Käse schmilzt.

★ Mit Schnittlauchröllchen bestreuen, mit Eiachteln ausgarnieren und sofort servieren.

Kratzete mit Spargel

Für 4 Personen:

Für die Kratzete:
200 g Mehl
1 Prise Salz
4 Eier
1/8 l Milch
Butterschmalz zum Braten
Außerdem:
2 kg Spargel
Salzwasser
2 EL Butter
1 Zitrone
1 Prise Zucker
150 g flüssige Butter
Kräuterzweige zum Garnieren

★ Das Mehl mit dem Salz, den Eiern und der Milch zu einem glatten Pfannkuchenteig rühren und 30 Minuten quellen lassen.

★ Etwas Butterschmalz in einer Pfanne erhitzen, portionsweise Pfannkuchen ausbacken und diese jeweils kurz vor Garende mit 2 Gabeln in Stücke reißen.

★ Den Spargel im Salzwasser mit der Butter, der halbierten Zitrone und etwas Zucker bissfest garen, herausnehmen und gut abtropfen lassen.

★ Den Spargel dekorativ anrichten, die Kratzete dazugeben, das Ganze mit flüssiger Butter überziehen, mit Kräuterzweigen ausgarnieren und sofort servieren.

Spargelgemüse mit Lachs

Für 4 Personen:
1 kg weißer Spargel
Salzwasser
2 EL Butter
1 Zitrone
1 Prise Zucker
Außerdem:
2 Schalotten
2 Knoblauchzehen
1 Becher Sahne
200 ml Weißwein
Salz
Pfeffer aus der Mühle
1 Prise Muskat
200 g Butter
400 g Räucherlachs

★ Den Spargel dünn schälen und die unteren Enden abschneiden. Reichlich Salzwasser in einem Topf erhitzen, die Butter, die Zitrone und etwas Zucker hineingeben, den Spargel einlegen und zuerst 10 Minuten kochen und dann weitere 5 Minuten ziehen lassen.

★ Den Spargel herausnehmen und die Spargelspitzen jeweils 8–10 cm lang abschneiden, den Rest in 2 cm lange Stücke schneiden.

★ Die Schalotten und den Knoblauch schälen und fein hacken. Den Weißwein mit der Sahne, den Schalotten und dem Knoblauch in einen Topf geben und zum Kochen bringen.

★ Mit Salz, Pfeffer und Muskat würzen und 5–6 Minuten kochen lassen. Anschließend die Butter mit dem Schneebesen kräftig darunter schlagen, die Spargelstücke hineingeben und das Ganze nochmals erhitzen.

★ Die Spargelspitzen auf vorgewärmten Tellern anrichten, mit der Buttersauce überziehen, den in hauchdünne Scheiben geschnittenen Lachs dazulegen, mit Kräuterzweigen ausgarnieren und servieren.

Spargel satt

FÜR 4 PERSONEN:
1 kg weißer Spargel
Salzwasser
2 EL Butter
1 Zitrone
1 Prise Zucker
Für die Orangen-Hollandaise:
6 Eigelbe
190 ml Orangensaft
einige Tropfen Worcestersauce
300 g flüssige Butter (handwarm)
Salz, Pfeffer aus der Mühle
1 Prise Cayennepfeffer
Außerdem:
2–3 EL Tomatenketschup
einige Tropfen Weinbrand
Für die Zitronenbutter:
100 g Butter
Saft von 1/2 Zitrone

★ Den Spargel dünn schälen und die unteren Enden abschneiden. Reichlich Salzwasser in einem Topf erhitzen, die Butter, die halbierte Zitrone und etwas Zucker hineingeben, den Spargel einlegen, zuerst 10 Minuten kochen und dann weitere 5 Minuten ziehen lassen.

★ Für die Orangen-Hollandaise die Eigelbe mit dem Orangensaft in eine feuerfeste Schüssel geben, mit dem Schneebesen verschlagen und mit Worcestersauce aromatisieren.

★ Den Eigelbschaum im Wasserbad oder auf dem Herd zu einer Creme aufschlagen, vom Herd nehmen und die flüssige Butter tropfenweise vorsichtig in die Creme einrühren.

★ Die Orangen-Hollandaise mit Salz, Pfeffer und Cayennepfeffer würzen und halbieren. Eine Hälfte in ein Schüsselchen füllen, die andere Hälfte mit dem Tomatenketschup verrühren und mit Weinbrand verfeinern.

★ Für die Zitronenbutter die Butter zerlaufen lassen, den Zitronensaft einrühren und nach Geschmack mit Salz und Pfeffer würzen.

★ Den Spargel dekorativ anrichten, ausgarnieren und mit den Saucen sowie der Zitronenbutter servieren.

Spargel mit „schneller“ Sauce

FÜR 4 PERSONEN:
2 kg weißer Spargel
Salzwasser oder Brühe zum Garen
2 EL Butter
1/2 Zitrone
1/2 Orange
1 Prise Zucker
1 kg junge Kartoffeln
Salzwasser
1 TL Kümmel
50 g Butter
1 Bund Petersilie
1/4–1/2 l Sauce Hollandaise (Fertigprodukt)

★ Den Spargel dünn schälen, die unteren Enden großzügig abschneiden und portionsweise 5–6 Spargelstangen zusammenbinden.

★ Das Salzwasser oder die Brühe in einen Topf geben und zum Kochen bringen.

★ Die Butter, die Zitronen- und die Orangenhälfte sowie den Zucker dazugeben und kurz ziehen lassen.

★ Anschließend den Spargel einlegen und bei mäßiger Hitze in 10–15 Minuten garen.

★ In der Zwischenzeit die Kartoffeln schälen, das Salzwasser zum Kochen bringen, den Kümmel dazugeben und die Kartoffeln darin in 15–20 Minuten garen.

★ Anschließend die Butter in einer Pfanne erhitzen, die gut abgetropften Kartoffeln darin anschwitzen, mit der verlesenen, gewaschenen und fein gehackten Petersilie bestreuen.

★ Die Sauce Hollandaise in einem Topf erhitzen.

★ Den Spargel dekorativ anrichten, die Petersilienkartoffeln dazugeben, mit der “schnellen” Sauce überziehen, ausgarnieren und sofort servieren.

Spargel in der feinen Küche

Junges Gemüse mit pochiertem Ei

Für 4 Personen:
500 g neue Kartoffeln
Salzwasser
2 gelbe Zucchini
200 g junge Möhrchen
1 Kopf Romanesco
300 g küchenfertige weiße Spargelspitzen
200 g küchenfertige grüne Spargelspitzen
Gemüsebrühe zum Garen
2–3 EL Butter oder Margarine
Salz
Pfeffer aus der Mühle
1 Bund Petersilie
Für die Sauce Hollandaise:
4 Eigelbe
125 ml Weißwein
Saft von 1 Zitrone
einige Tropfen Worcestersauce
200 g flüssige Butter (handwarm)
Salz, Pfeffer aus der Mühle
1 Prise Cayennepfeffer
Für die Eier:
1/2 l Salzwasser
1/2 Tasse Weinessig
4 Eier

★ Die Kartoffeln in Salzwasser 20–25 Minuten garen, abgießen, pellen und bereitstellen.

★ Das Gemüse putzen, die Zucchini in Scheiben schneiden, die Möhrchen schälen und den Romanesco in Röschen zerteilen.

★ Das Gemüse sortenweise in der Gemüsebrühe bissfest garen, herausnehmen und gut abtropfen lassen.

★ Die Butter oder Margarine in einem großen Topf erhitzen, die Kartoffeln und das Gemüse hineingeben und unter ständigem Rühren braten. Mit Salz und Pfeffer würzen und die verlesenen, gewaschenen Petersilienblättchen untermischen.

★ Für die Sauce Hollandaise die Eigelbe mit dem Weißwein und dem Zitronensaft in eine feuerfeste Schüssel geben, mit dem Schneebesen verschlagen und mit Worcestersauce aromatisieren.

★ Den Eigelbschaum im Wasserbad oder auf dem Herd zu einer Creme aufschlagen, vom Herd nehmen und die flüssige Butter tropfenweise vorsichtig in die Creme einrühren.

★ Die Sauce Hollandaise mit Salz, Pfeffer und Cayennepfeffer würzen.

★ Das Salzwasser mit dem Essig zum Kochen bringen, die Eier hineingeben und pochieren, herausnehmen und abtropfen lassen.

★ Das Gemüse dekorativ anrichten, die pochierten Eier darauf setzen, das Ganze mit der Sauce Hollandaise überziehen und sofort servieren.

Spargeltoast mit Schinken

Für 4 Personen:
4 Scheiben Toastbrot
4 große Scheiben gekochter Schinken
500 g bissfest gegarter Spargel
schwarzer Pfeffer aus der Mühle
1 EL fein gehackter Dill
4 Scheiben Chesterkäse
2 Tomaten
1 Bund Petersilie

★ Die Brotscheiben toasten, leicht erkalten lassen und auf ein Backblech legen.

★ Die Brote mit dem Schinken belegen, den Spargel in mundgerechte Stücke schneiden und auf dem Schinken verteilen.

★ Den Spargel mit schwarzem Pfeffer und dem Dill bestreuen und die Käsescheiben darauf legen.

★ Die Brote im auf 225 °C vorgeheizten Backofen überbacken, bis der Käse schmilzt.

★ Die Spargeltoasts dekorativ anrichten, mit Tomatenscheiben und Petersiliensträußchen ausgarnieren und sofort servieren.

Spargelsalat mit Schinken und Kresse

Für 4 Personen:
Salzwasser
1 EL Butter
1/2 Zitrone
1 Prise Zucker
500 g weißer Stangenspargel
1 Zwiebel
100 g frische Champignons
Saft von 1 Zitrone
200 g gekochter Schinken
1 Kästchen Kresse
125 g Crème fraîche
200 g Jogurt
60 ml Estragonessig
Salz
Pfeffer aus der Mühle
1 Prise Zucker
1 Prise Cayennepfeffer
25 g gemischte, gehackte Kräuter (Estragon, Kerbel, Petersilie)

★ Reichlich Salzwasser mit der Butter, der Zitrone und etwas Zucker in einem großen Topf erhitzen, den geputzten und geschälten Spargel einlegen und in 15–20 Minuten bissfest garen. Herausnehmen, abtropfen und erkalten lassen, in mundgerechte Stücke schneiden und in eine Schüssel geben.

★ Die Zwiebel schälen, sehr fein hacken, die Champignons putzen, waschen, in Scheiben schneiden und mit Zitronensaft beträufeln.

★ Den Schinken in mundgerechte Stücke schneiden, mit den restlichen Zutaten zum Spargel geben und alles vorsichtig miteinander vermischen.

★ Die Kresse verlesen, waschen, klein schneiden und unter den Salat heben.

★ Den Salat dekorativ anrichten. Für das Dressing die Crème fraîche mit dem Jogurt und dem Estragonessig verrühren, mit Salz, Pfeffer, Zucker und Cayennepfeffer abschmecken, die verlesenen, gewaschenen, fein gehackten Kräuter unterrühren.

★ Den Salat mit dem Dressing überziehen, ausgarnieren und sofort servieren.

Spargel-Möhren-Salat

Für 4 Personen:
1 kg grüner Spargel
300 g Möhren
Gemüsebrühe zum Garen
1 kleiner Schikoree
100 g Mungobohnensprossen
50 g geröstete Pinienkerne
Für das Dressing:
1/4 l Gemüsefond
100 ml Rotweinessig
100 ml Olivenöl
Salz
Pfeffer aus der Mühle
1 Prise Koriander
1 Prise Zucker
1 Tasse gemischte, gehackte Kräuter (Petersilie, Schnittlauch, Kerbel)

★ Den grünen Spargel am unteren Ende dünn schälen und in mundgerechte Stücke schneiden. Die Möhren schälen und in Scheiben schneiden.

★ Die Gemüsebrühe in einem Topf erhitzen und das Gemüse sortenweise darin bissfest garen. Herausnehmen und gut abtropfen lassen.

★ Den Schikoree putzen, halbieren, den bitteren Kern herausschneiden, die Blätter ablösen und auf 4 Tellern anrichten.

★ Den Spargel und die Möhren darauf legen, mit den Mungobohnensprossen und den gerösteten Pinienkernen bestreuen.

★ Für das Dressing den Gemüsefond mit dem Rotweinessig glatt rühren, das Olivenöl tropfenweise darunter schlagen und das Ganze mit Salz, Pfeffer, Koriander und Zucker kräftig abschmecken.

★ Die verlesenen, gewaschenen und klein geschnittenen Kräuter unterziehen und den Salat damit anmachen.

★ Den Spargel-Möhren-Salat kurz ziehen lassen, ausgarnieren und servieren.

Spargel mit Frischkäsesauce

Für 4 Personen:

- 1 kg weißer Spargel
- Salzwasser
- 1 EL Butter
- 1/2 Zitrone
- 1 Prise Zucker

Für die Frischkäsesauce:

- 30 g Butter oder Margarine
- 30 g Mehl
- 375 ml Milch
- 125 ml Spargelsud
- Salz
- Pfeffer aus der Mühle
- 1 Prise Muskat
- einige Tropfen Zitronensaft
- einige Tropfen Worcestersauce
- 50 g geriebener Parmesankäse
- 150 g Doppelrahm-Frischkäse
- Kräuterzweige zum Garnieren

★ Den Spargel schälen, die Enden abschneiden und im Salzwasser mit der Butter, der Zitrone und etwas Zucker bissfest garen.

★ Den Spargel herausnehmen und gut abtropfen lassen. Vom Spargelsud 125 ml abmessen.

★ Für die Frischkäsesauce die Butter oder Margarine in einem Topf erhitzen und das Mehl mit dem Schneebesen einrühren. Kurz rösten, mit der Milch und dem Spargelsud ablöschen und die Sauce unter ständigem Rühren 6–8 Minuten kochen lassen.

★ Die Sauce durch ein Sieb passieren, nochmals erhitzen, mit Salz, Pfeffer, Muskat, Zitronensaft und Worcestersauce kräftig abschmecken und den geriebenen Parmesankäse sowie den Frischkäse unterziehen.

★ Den Spargel dekorativ anrichten, mit der Frischkäsesauce überziehen, mit Kräuterzweigen ausgarnieren und nach Geschmack mit gebratenen Rinderfiletsteaks servieren.

Spargeltorte

Für 4 Personen:

- 250 g Mehl
- 1 Prise Salz
- 2–3 EL kaltes Wasser
- 125 g Butter
- Mehl zum Ausrollen
- Butter zum Ausfetten
- 800 g bissfest gegarter Spargel
- 150 g Kasseleraufschnitt
- 200 g geriebener Gouda
- 1 Becher Sahne
- 4 Eier
- Salz
- weißer Pfeffer aus der Mühle
- 1 Prise Muskat
- 1 Prise Cayennepfeffer

★ Das Mehl auf eine Arbeitsfläche sieben und eine Mulde eindrücken. Das Salz darüber streuen und das kalte Wasser darüber träufeln.

★ Die Butter in Flöckchen an den Rand setzen und das Ganze mit bemehlten Händen von außen nach innen schnell zu einem glatten, kompakten Teig verkneten.

★ Den Teig in ein feuchtes Küchentuch wickeln und im Kühlschrank mindestens 1 Stunde ruhen lassen. In der Zwischenzeit den Spargel in mundgerechte Stücke schneiden. Den Kasseleraufschnitt in feine Würfel schneiden und unter die Spargelstücke heben.

★ Den Teig auf einer bemehlten Arbeitsfläche in der Größe einer Pieform ausrollen, in die ausgefettete Form legen und einen Rand hochdrücken.

★ Den Teig mit einer Gabel mehrmals einstechen und im auf 180–200 °C vorgeheizten Backofen 10–15 Minuten vorbacken.

★ Die Form aus dem Ofen nehmen, die Spargelmischung gleichmäßig darauf verteilen. Den geriebenen Käse mit der Sahne und den Eiern verschlagen. Mit Salz, Pfeffer, Muskat und Cayennepfeffer würzen.

★ Die Käsecreme gleichmäßig auf dem Gemüse verteilen, glatt streichen und im auf 200 °C vorgeheizten Backofen weitere 30–35 Minuten backen.

★ Die Spargeltorte herausnehmen, dekorativ anrichten, ausgarnieren und warm oder kalt servieren.

Gebackener Spargel

FÜR 4 PERSONEN:

1 kg weißer Spargel
Für den Backteig:
150 g Mehl
1 Prise Salz
200 ml Weißwein
2 Eigelbe
2 Eiweiße
Fett zum Ausbacken
Für die Kräutercreme:
250 g Magerquark
1 Schuss Mineralwasser
2 Knoblauchzehen
1/2 Bund Schnittlauch
1/2 Bund Petersilie
1/2 Kästchen Kresse
Salz
Pfeffer aus der Mühle
einige Tropfen Zitronensaft
einige Tropfen Worcestersauce
1 Prise Zucker
einige Salatblätter und halbierte Cocktailtomaten zum Garnieren

★ Den Spargel dünn schälen und bereitstellen.

★ Das Mehl mit dem Salz in eine Schüssel geben und mit dem Weißwein glatt rühren.

★ Die Eigelbe unterziehen und die Eiweiße zu steifem Schnee schlagen.

★ Vorsichtig den steif geschlagenen Eischnee unter den Ausbackteig ziehen.

★ Die Spargelstangen durch den Ausbackteig ziehen und im schwimmenden Fett goldgelb ausbacken.

★ Für die Kräutercreme den Magerquark in eine Schüssel geben und mit dem Mineralwasser glatt rühren.

★ Die Knoblauchzehen schälen, mit Salz zu einer Paste zerreiben und untermischen.

★ Die Kräuter verlesen, waschen, klein schneiden und ebenfalls untermischen.

★ Die Kräutercreme mit Salz, Pfeffer, Zitronensaft, Worcestersauce und Zucker kräftig abschmecken.

★ Den gebackenen Spargel dekorativ anrichten, mit Salatblättern und halbierten Cocktailtomaten ausgarnieren und mit der Kräutercreme servieren.

Stangenspargel in Tempura

FÜR 4 PERSONEN:

250 g Blattsalat (Lollo rosso, Lollo biondo, Mizuna, Roter Senf und Romanasalat)
3–4 Tomaten
1/2 Tasse weißer Balsamico-Essig
1/2 Tasse Olivenöl
Salz, Pfeffer aus der Mühle
1 Prise Zucker

Außerdem:

1 kg frischer weißer Spargel
Gemüsebrühe zum Blanchieren

Für den Teig:

150 g Buchweizenmehl
50 g Weizenmehl
1 TL Salz
1 EL Curry
1 EL geriebene Ingwerwurzel
gut 1/4 l Wasser
1 Eigelb
Fett zum Ausbacken

★ Die Blattsalate verlesen, waschen, gut abtropfen lassen, in mundgerechte Stücke zerpflücken und auf Tellern dekorativ anrichten.

★ Die Tomaten enthäuten, entkernen, in Würfel schneiden und gleichmäßig auf dem Salat verteilen.

★ Das Ganze mit weißem Balsamico und Olivenöl beträufeln, mit Salz, Pfeffer und Zucker bestreuen.

★ Den Spargel dünn schälen, die Enden abschneiden, die Spargelstangen in der erhitzten Gemüsebrühe kurz blanchieren, herausnehmen und gut abtropfen lassen.

★ Für den Teig das Buchweizenmehl mit dem Weizenmehl, dem Salz, dem Curry und dem geriebenen Ingwer vermischen und das Wasser angießen.

★ Mit dem Schneebesen die Zutaten zu einem glatten Teig verrühren, zum Schluss das Eigelb untermischen.

★ Das Fett in einem Topf erhitzen, die Spargelstangen in den Teig tauchen und im schwimmenden Fett ausbacken.

★ Den Spargel in Tempura auf dem Blattsalat anrichten, ausgarnieren und sofort servieren.

Spargel mit Kräuterrührei

Für 4 Personen:
2 kg weißer Spargel
Salzwasser oder Brühe zum Garen
2 EL Butter
1/2 Zitrone
1/2 Orange
1 Prise Zucker
Für das Kräuterrührei:
8 Eier
1 Schuss Sahne
Salz, Pfeffer aus der Mühle
1 Prise Muskat
Butter zum Braten
1 Tasse gemischte, gehackte Kräuter (Estragon, Kerbel, Petersilie)
Außerdem:
300 g in Scheiben geschnittener gekochter oder roher Schinken

★ Den Spargel dünn schälen, die unteren Enden großzügig abschneiden und portionsweise 5–6 Spargelstangen zusammenbinden.

★ Das Salzwasser oder die Brühe in einen Topf geben und zum Kochen bringen.

★ Die Butter, die Zitronen- und die Orangenhälfte sowie den Zucker dazugeben und kurz ziehen lassen.

★ Anschließend den Spargel einlegen und bei mäßiger Hitze in 10–15 Minuten garen.

★ Die Eier mit der Sahne in einer Schüssel verschlagen und mit Salz, Pfeffer und Muskat würzen.

★ Die Butter in einer Pfanne erhitzen, die Eimasse einfüllen und unter Rühren stocken lassen.

★ Den Spargel mit dem Rührei und dem Schinken dekorativ anrichten, mit gehackten Kräutern bestreuen, ausgarnieren und servieren.

Geschnetzelte Entenbrust mit Spargel

Für 4 Personen:
4 Entenbrustfilets
1 EL geschrotete, schwarze Pfefferkörner
1 TL Rosmarin
2–3 EL Butterschmalz
4 cl Weinbrand
Salz
Pfeffer aus der Mühle
1 Zwiebel
1 Glas Rotwein
1/2 l gebundene dunkle Geflügelsauce
4 cl Portwein
500 g bissfest gegarter grüner und weißer Spargel
2 EL frisch geschnittener Schnittlauch

★ Die Entenbrustfilets unter fließendem Wasser waschen, trockentupfen und in Streifen schneiden.

★ Die Entenstreifen mit geschrotetem Pfeffer und Rosmarin kräftig würzen.

★ Das Butterschmalz in einer Pfanne erhitzen und die Entenstreifen darin braten.

★ Die Entenstreifen mit Weinbrand flambieren, mit Salz und Pfeffer würzen, aus der Pfanne nehmen und bereitstellen.

★ Die Zwiebel schälen, fein hacken, ins verbliebene Bratfett geben und glasig schwitzen.

★ Das Ganze mit Rotwein ablöschen und mit der Geflügelsauce auffüllen. Bei starker Hitze kurz einreduzieren lassen.

★ Die Sauce mit Portwein verfeinern und den in mundgerechte Stücke geschnittenen Spargel in die Sauce geben.

★ Die Entenstreifen in die Sauce geben, das Ganze nochmals erhitzen, aber nicht mehr kochen lassen.

★ Das Geschnetzelte dekorativ anrichten, mit frisch geschnittenem Schnittlauch bestreuen, ausgarnieren und sofort servieren.

Spargelsalat mit Schinkenmousse

Für 4 Personen:
250 g gekochter Schinken
100 g Crème fraîche
Salz
Pfeffer aus der Mühle
1 Prise Muskat
1 Prise Cayennepfeffer
einige Tropfen Zitronensaft
Außerdem:
300 g weißer Spargel
300 g grüner Spargel
Salzwasser
1/2 Zitrone
1 EL Butter
1 Prise Zucker
Für das Dressing:
1 Tasse Spargelfond
4 EL weißer Balsamico-Essig
1 EL scharfer Senf
4 EL Sonnenblumenöl
1 Kästchen violette Kresse
1–2 EL geröstete Pinienkerne
Blattpetersilie zum Garnieren

★ Den Schinken in Würfel schneiden, mit der Crème fraîche im Mixer oder mit dem Pürierstab pürieren und in eine Schüssel geben. Mit Salz, Pfeffer, Muskat, Cayennepfeffer und Zitronensaft kräftig abschmecken und im Kühlschrank mindestens 1 Stunde auskühlen lassen.

★ In der Zwischenzeit den weißen Spargel sorgfältig von oben nach unten schälen, die unteren Enden abschneiden. Den grünen Spargel waschen, das untere Drittel schälen und die Enden abschneiden.

★ Den weißen und den grünen Spargel in 3–4 cm lange Stücke schneiden. Salzwasser in einem Topf erhitzen, die Zitronenhälfte, die Butter und den Zucker dazugeben.

★ Den weißen Spargel in das Kochwasser geben und 6–7 Minuten garen. Anschließend den grünen Spargel dazugeben und in weiteren 10 Minuten fertig garen.

★ 1 Tasse Spargelfond abnehmen, das Spargelgemüse aus dem Sud nehmen, gut abtropfen lassen und bereitstellen.

★ Den erkalteten Spargelfond mit dem Balsamico-Essig und dem Senf verrühren, mit Salz, Pfeffer, Cayennepfeffer und Zitronensaft abschmecken.

★ Das Sonnenblumenöl tropfenweise unter das Dressing rühren.

★ Den Spargel mit dem Dressing anmachen und kurz ziehen lassen.

★ Aus dem Schinkenmousse mit einem Esslöffel Klößchen formen und diese dekorativ anrichten.

★ Den Spargelsalat dazugeben, mit violetter Kresse belegen, mit gerösteten Pinienkernen bestreuen, mit Blattpetersilie ausgarnieren und sofort servieren.

Spargelfrikassee mit Seelachsnocken

Für 4 Personen:
1 kg weißer Spargel
Salzwasser
2 EL Butter
1/2 Zitrone
1/2 Orange
1 Prise Zucker
Für die Nocken:
500 g Seelachsfilet
Saft von 1 Zitrone
einige Tropfen Worcestersauce
100 ml Sahne
Salz, Pfeffer aus der Mühle
2 Eier
Semmelbrösel zum Binden
Außerdem:
40 g Butter oder Margarine
40 g Mehl
3/8 l Spargelfond
200 ml Sahne
Dillzweige und Cocktailtomaten zum Garnieren

★ Den Spargel dünn schälen, die unteren Enden großzügig abschneiden, in Stücke schneiden und bereitstellen.

★ Das Salzwasser zum Kochen bringen, die Butter, die Zitronen- und Orangenhälfte sowie den Zucker dazugeben und kurz ziehen lassen.

★ Anschließend den Spargel einlegen, bei mäßiger Hitze 12–15 Minuten garen, herausnehmen und gut abtropfen lassen.

★ Für die Nocken die Seelachsfilets in Würfel schneiden, mit Zitronensaft und Worcestersauce beträufeln und im Kühlschrank 10–15 Minuten ziehen lassen.

★ Die Fischwürfel mit der Sahne im Mixer oder mit dem Pürierstab pürieren, mit Salz und Pfeffer würzen.

★ Die Eier unter das Fischmus schlagen und mit Semmelbröseln binden.

★ Aus der Masse Klößchen formen und diese im kochenden Spargelfond garen, herausnehmen, gut abtropfen lassen und bereitstellen.

★ Für die Sauce die Butter in einem Topf erhitzen, das Mehl mit dem Schneebesen einrühren, mit 3/8 l Spargelfond auffüllen und bei starker Hitze zu einer sämigen Sauce kochen.

★ Die Sauce durch ein Sieb streichen, erneut erhitzen, die Sahne einrühren und 4–5 Minuten ziehen lassen.

★ Die Sauce mit Salz, Pfeffer, Zitronensaft und Worcestersauce abschmecken, die Spargelstücke und die Seelachsnocken einlegen, erhitzen, dekorativ anrichten, mit Dillzweigen und Tomatenecken ausgarnieren und sofort servieren.

Spargel mal pikant mal deftig

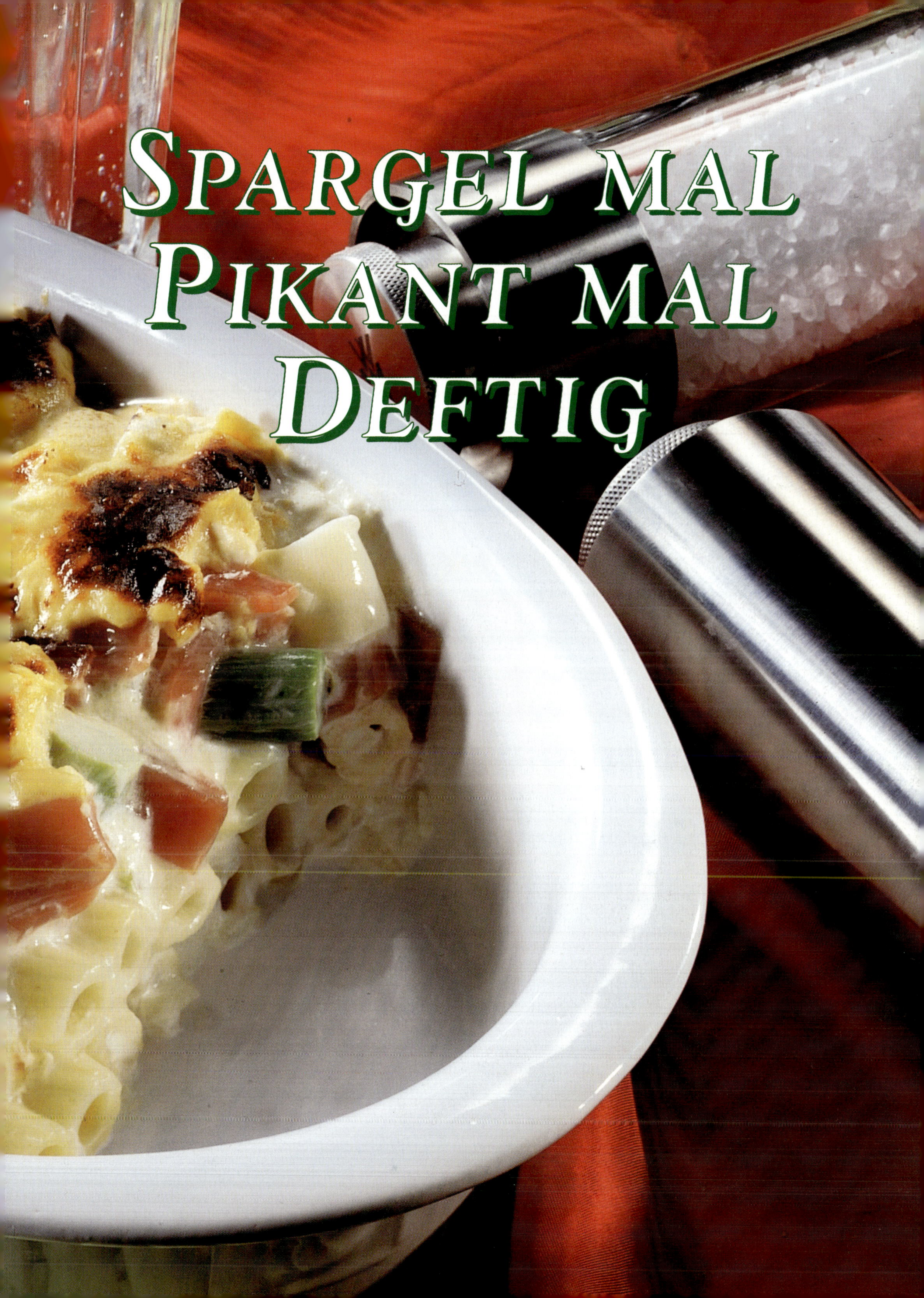

Spargel im Flädleteig

Für 4 Personen:
1 kg Spargel
Gemüsebrühe oder Salzwasser zum Garen
1 Prise Zucker
2 EL Butter oder Margarine
Für die Béchamelsauce:
40 g Butter oder Margarine
40 g Mehl
1/2 l Milch
Salz, weißer Pfeffer aus der Mühle
1 Prise Muskat
200 g geriebener Gouda
2 Eigelbe
Für den Flädleteig:
150 g Mehl
1/4 l Milch
3 Eier
1 EL Öl
Fett zum Ausbacken
Kräuterzweige zum Garnieren

★ Den Spargel putzen, dünn schälen und die unteren Enden großzügig abschneiden.

★ Die Gemüsebrühe mit dem Zucker und der Butter oder Margarine in einen Topf geben, zum Kochen bringen, den Spargel einlegen, 1 Minute kochen lassen, vom Feuer nehmen und im Sud vollständig erkalten lassen.

★ Für die Béchamelsauce die Butter oder Margarine in einem Topf erhitzen und das Mehl mit dem Schneebesen einrühren.

★ Die kalte Milch angießen, das Ganze kräftig verschlagen und zu einer sämigen Sauce verkochen.

★ Die Béchamelsauce mit Salz, Pfeffer und Muskat abschmecken, vom Feuer nehmen, leicht abkühlen lassen und den geriebenen Käse sowie die Eigelbe unterziehen.

★ Für die Pfannkuchen das Mehl mit der Milch und den Eiern glatt rühren, mit Salz, Pfeffer und Muskat würzen und das Öl tropfenweise unter den Teig ziehen.

★ Butter oder Margarine in einer Pfanne erhitzen und portionsweise Pfannkuchen ausbacken. Auf jeden Pfannkuchen 2–3 Spargelstangen legen und die Pfannkuchen zusammenrollen.

★ Die gefüllten Pfannkuchen in eine ausgefettete Form setzen, mit der Käse-Béchamelsauce überziehen und das Ganze im auf 180–200 °C vorgeheizten Backofen 15–20 Minuten garen.

★ Den Spargel im Flädleteig herausnehmen, dekorativ anrichten, mit Kräuterzweigen ausgarnieren und sofort servieren.

Omelett mit grünem Spargel

Für 4 Personen:
8 Eier
1 Schuss Milch
1 Prise Salz
4 EL Keimöl
800 g grüner Spargel
Gemüsebrühe zum Garen
1 Prise Zucker
2 Tomaten
1/4 l gebundene helle Sauce
250 g Mascarpone
100 g geriebener Parmesankäse
einige Tropfen Zitronensaft
einige Tropfen Worcestersauce
Salz
Pfeffer aus der Mühle

★ Die Eier mit der Milch und dem Salz in eine Schüssel geben und mit dem Schneebesen kräftig verschlagen. Das Keimöl in einer Pfanne erhitzen und portionsweise 4 Omeletts ausbacken.

★ Den grünen Spargel putzen und in der Brühe mit dem Zucker bissfest garen.

★ Für die Sauce die Tomaten enthäuten, entkernen und in Würfel schneiden.

★ Die helle Sauce mit dem Mascarpone in einen Topf geben, erhitzen und den Mascarpone schmelzen lassen.

★ Den Parmesankäse und die Tomatenwürfel in die Sauce rühren und erhitzen, mit Zitronensaft, Worcestersauce, Salz und Pfeffer abschmecken.

★ Die Omeletts anrichten, mit dem Spargel belegen, mit der Käsesauce überziehen, die Omeletts zusammenklappen, ausgarnieren und servieren.

Spargel-Kartoffel-Auflauf

Für 4 Personen:
500 g Pellkartoffeln
500 g bissfest gegarter Spargel
Fett für die Form
200 g roher Schinken
3/8 l Milch
4 Eier
125 g geriebener Butterkäse
50 g Edelpilzkäse
Salz
Pfeffer aus der Mühle
1 Prise Cayennepfeffer
1 Prise Muskat
100 ml Sahne
Butterflöckchen zum Belegen
1 Bund Basilikum

★ Die Kartoffeln pellen und in Scheiben oder Würfel schneiden. Mit dem in Stücke geschnittenen Spargel schichtweise in eine ausgefettete Auflaufform geben.

★ Den Schinken in feine Streifen oder Würfel schneiden und gleichmäßig auf dem Auflauf verteilen.

★ Die Milch mit den Eiern und zwei Dritteln des Käses in einer Schüssel verrühren, den klein geschnittenen Edelpilzkäse untermischen, mit Salz, Pfeffer, Cayennepfeffer und Muskat kräftig würzen.

★ Die Eiermilch gleichmäßig auf dem Auflauf verteilen, mit dem restlichen Käse bestreuen, mit einigen Butterflöckchen belegen und im auf 180–200 °C vorgeheizten Backofen 20–25 Minuten backen.

★ Den Spargel-Kartoffel-Auflauf herausnehmen, dekorativ anrichten, mit dem verlesenen, gewaschenen und fein geschnittenen Basilikum bestreuen, ausgarnieren und sofort servieren.

Spargel-Tomaten-Gratin

Für 4 Personen:
600 g grüner Spargel
Gemüsebrühe zum Blanchieren
1–2 EL Butter
1 Zwiebel
400 g gekochte Kartoffeln
4–6 Tomaten
Salz
Pfeffer aus der Mühle
1 Prise Zucker
1 Prise Cayennepfeffer
200 g in Scheiben geschnittener Butterkäse
1 Bund Petersilie

★ Den grünen Spargel putzen, dünn schälen und die Enden abschneiden.

★ Die Gemüsebrühe in einem Topf erhitzen und den grünen Spargel darin kurz blanchieren. Herausnehmen, gut abtropfen lassen und bereitstellen.

★ Die Butter in einer Auflaufform erhitzen und die geschälte, in feine Würfel geschnittene Zwiebel darin glasig schwitzen.

★ Die gekochten Kartoffeln pellen, in Würfel schneiden, zur Zwiebel geben und kurz mitbraten.

★ Die Tomaten enthäuten, entkernen, ebenfalls würfeln und unter die Kartoffeln mischen.

★ Das Ganze mit Salz, Pfeffer, Zucker und Cayennepfeffer kräftig abschmecken.

★ Die Spargelstangen gleichmäßig auf dem Gratin verteilen, mit dem in Scheiben geschnittenen Käse abdecken und im auf 180–200 °C vorgeheizten Backofen 12–15 Minuten überbacken.

★ Das Spargel-Tomaten-Gratin herausnehmen, dekorativ anrichten, mit der verlesenen, gewaschenen und fein gehackten Petersilie bestreuen, ausgarnieren und sofort servieren.

Spargelauflauf mit Lachs

Für 4 Personen:
1 kg Spargel
Salzwasser
1 Prise Zucker
600 g Lachsfilet
20 g Butter oder Margarine
15 g Mehl
200 ml Sahne
200 ml Spargelfond
4 Eigelbe
Saft von 2 Orangen
Salz, Pfeffer aus der Mühle
1/2 Bund Schnittlauch
Butter oder Margarine zum Ausfetten

★ Den Spargel dünn schälen und die Enden abschneiden.

★ Salzwasser mit Zucker in einem Topf erhitzen und zum Kochen bringen. Den Spargel darin 4 Minuten kochen, aus dem Topf nehmen, gut abtropfen lassen und in 3 cm lange Stücke schneiden.

★ Den Lachs in 2 x 2 cm grobe Würfel schneiden und leicht salzen.

★ Die Butter oder Margarine in einem Topf schmelzen lassen und das Mehl einrühren.

★ Die Sahne und den Spargelfond angießen und unter ständigem Rühren einmal aufkochen lassen, vom Herd nehmen und abkühlen lassen.

★ Die Eigelbe mit dem Orangensaft glatt rühren und mit dem Schneebesen unter die Sauce ziehen. Das Ganze mit Salz und Pfeffer kräftig abschmecken. Den verlesenen, gewaschenen und fein geschnittenen Schnittlauch mit den Lachswürfeln und den Spargelstücken unter die Sauce ziehen.

★ Eine Auflaufform ausfetten, das Ganze einfüllen und in dem auf 180–200 °C vorgeheizten Backofen 15–20 Minuten garen. Je nach Geschmack zum Schluss noch unter dem Grill oder Oberhitze im Backofen nachbräunen lassen.

★ Den Spargelauflauf mit Lachs dekorativ anrichten, mit neuen Kartoffeln oder Reis servieren.

Spargelgratin mit Putenbrust

Für 4 Personen:
800 g weißer Spargel
2 Zwiebeln
4 EL Butter
6 EL Gemüsebrühe
Salz
weißer Pfeffer aus der Mühle
einige Tropfen Zitronensaft
250 g gegarte Putenbrust
2 Tomaten
1 EL Butter
250 g geriebener Butterkäse
2–3 EL Schnittlauchröllchen

★ Den Spargel schälen und die holzigen Enden abschneiden.

★ Die Zwiebeln schälen, fein würfeln und in der erhitzten Butter anschwitzen. Den Spargel dazugeben und mit der Gemüsebrühe auffüllen. Mit Salz, Pfeffer und Zitronensaft abschmecken und 10–15 Minuten dünsten.

★ Die Putenbrust in Würfel schneiden.

★ Die Tomaten kurz in kochendes Wasser tauchen, häuten, vierteln, entkernen und in Streifen schneiden.

★ Eine Auflaufform mit Butter ausfetten, den Spargel einlegen, die Putenbrustwürfel und die Tomatenstreifen darauf geben und mit dem geriebenen Butterkäse bestreuen.

★ Im auf 200 °C vorgeheizten Backofen 25–30 Minuten backen.

★ Die Schnittlauchröllchen über das Spargelgratin mit Putenbrust streuen, ausgarnieren und sofort servieren.

Spargelspießchen in Kräuterpfannkuchen

Für 4 Personen:
250 g Weizenvollkornmehl
400 ml Milch
2 Eier, 2 Eiweiße, 1 Prise Salz
Butter oder Margarine zum Ausbacken
Außerdem:
500 g bissfest gegarter Spargel
2–3 Tomaten
Für die Sauce:
30 g Butter
30 g Mehl
3/8 l Spargelfond
1 Becher Sahne
100 g Kräuterschmelzkäse
Salz
Pfeffer aus der Mühle
einige Tropfen Zitronensaft
1 Prise Zucker
1 Tasse gemischte, gehackte Kräuter (Kerbel, Petersilie, Estragon)
Kräuterzweige zum Garnieren

★ Für den Teig das Mehl mit der Milch, den Eiern, den Eiweißen und einer Prise Salz in eine Schüssel geben und glatt rühren.

★ Die Butter oder Margarine in einer Pfanne erhitzen und portionsweise Pfannkuchen ausbacken. Herausnehmen und bereitstellen.

★ Je 3 Spargelstangen auf die Pfannkuchen legen, diese zusammenrollen, in 4–5 cm dicke Scheiben schneiden und abwechselnd mit den enthäuteten, entkernten und in Stücke geschnittenen Tomaten auf Spießchen stecken.

★ Für die Sauce die Butter in einem Topf erhitzen, das Mehl mit dem Schneebesen einrühren, mit dem kalten Spargelfond auffüllen und 5–6 Minuten bei starker Hitze zu einer sämigen Sauce verkochen.

★ Die Sauce durch ein Sieb passieren, erneut erhitzen, die Sahne und den Schmelzkäse dazugeben und bei mäßiger Hitze 3–4 Minuten köcheln lassen.

★ Die Käsesauce mit Salz, Pfeffer, Zitronensaft und Zucker kräftig abschmecken und die gemischten, gehackten Kräuter unterziehen.

★ Die Spieße erhitzen, mit der Sauce dekorativ anrichten, mit Kräuterzweigen ausgarnieren und sofort servieren.

Makkaroniauflauf mit Spargel

Für 4 Personen:

300 g Makkaroni
Salzwasser
einige Tropfen Olivenöl
2–3 EL Butter oder Margarine
1 Zwiebel
200 g roher Schinken
1 Schuss Weißwein
2 Becher Sahnedickmilch
1 Becher Sahne
2 Eier
Salz
Pfeffer aus der Mühle
1 Prise Muskat
1 Prise Kümmel
1 Prise Cayennepfeffer
Fett für die Form
600 g bissfest gegarter Spargel
125 g geriebener Butterkäse

★ Die Makkaroni im Salzwasser mit dem Olivenöl bissfest garen, abgießen, abschrecken, gut abtropfen lassen und bereitstellen.

★ Die Butter oder Margarine in einer Pfanne erhitzen und die geschälte, fein gehackte Zwiebel darin glasig schwitzen.

★ Den Schinken in feine Würfel oder Streifen schneiden, zur Zwiebel geben und kurz mitschwitzen.

★ Das Ganze mit Weißwein ablöschen, die Sahnedickmilch und die Sahne angießen, einmal aufkochen lassen und vom Herd nehmen.

★ Die Eier in die Sauce geben und kräftig verschlagen. Das Ganze mit Salz, Pfeffer, Muskat, Kümmel und Cayennepfeffer kräftig abschmecken.

★ Eine Auflaufform ausfetten und schichtweise die Makkaroni, den Spargel und die Schinkensauce einfüllen.

★ Zum Schluss den Auflauf mit dem geriebenen Butterkäse bestreuen und im auf 180–200 °C vorgeheizten Backofen in 12–15 Minuten backen.

★ Den Makkarniauflauf herausnehmen, dekorativ anrichten, ausgarnieren und sofort servieren.

★ Sehr gut schmeckt der Nudel-Spargel-Auflauf auch, wenn Sie grünen Spargel oder eine Mischung aus weißem und grünem Spargel verwenden

Überbackene Spargelröllchen mit Erdbeer-Pfeffer-Sauce

FÜR 4 PERSONEN:

600 g bissfest gegarter weißer Spargel
200 g gekochter Schinken, in Scheiben geschnitten
8–12 Scheiben Butterkäse
Außerdem:
1–2 EL Butter
1 Zwiebel
250 g frische Erdbeeren
Saft von 2 Orangen
2 EL grüne Pfefferkörner
1/4 l Bratenfond
1 Becher Sahne
Johannisbrotkernmehl oder Speisestärke zum Binden
Salz
Pfeffer aus der Mühle
4 cl Erdbeerlikör
Kräuterzweige zum Garnieren

★ Je 3 Stangen gegarten Spargel in 1 Scheibe Schinken wickeln und in eine feuerfeste Form setzen.

★ Jedes Spargelröllchen mit 1 Scheibe Käse belegen und das Ganze unter dem Grill oder im Backofen überbacken.

★ Die Butter in einer Pfanne erhitzen und die geschälte, fein gehackte Zwiebel darin glasig schwitzen.

★ Die geputzten, in Stücke geschnittenen Erdbeeren dazugeben, kurz mitschwitzen, mit dem Orangensaft ablöschen, die Hälfte der Erdbeeren herausnehmen und den Rest im Mixer oder mit dem Pürierstab pürieren.

★ Das Erdbeerpüree mit den Pfefferkörnern, dem Bratenfond und der Sahne in einen Topf geben und zum Kochen bringen. Bei mäßiger Hitze 3–4 Minuten köcheln lassen und anschließend mit Johannisbrotkernmehl oder etwas angerührter Speisestärke leicht binden.

★ Die Sauce mit Salz und Pfeffer würzen und mit etwas Erdbeerlikör aromatisieren.

★ Die restlichen Erdbeeren in die Sauce geben und erhitzen. Auf heißen Tellern dekorativ anrichten, die überbackenen Spargelröllchen darauf setzen, mit Kräuterzweigen ausgarnieren und sofort servieren.

Husumer Auflauf mit Spargel

FÜR 8 STÜCK:

8 Dorschfilets à 75 g
400 g Krabben oder Crevetten
Saft von 1 Zitrone
einige Tropfen Worcestersauce
einige Tropfen Weißwein
Salz
Pfeffer aus der Mühle
1 Bund Dill
Butter oder Margarine für die Form
500 g kleine Pellkartoffeln
500 g bissfest gegarter Spargel
1 Tasse Gemüse- oder Fischbrühe
200 g geriebener Gouda
Kräuterzweige zum Garnieren

★ Die Dorschfilets waschen, trockentupfen, mit Zitronensaft, Worcestersauce und Weißwein beträufeln, mit Salz und Pfeffer würzen und 10–12 Minuten ziehen lassen.

★ Die Krabben oder Crevetten ebenfalls waschen, trockentupfen, mit Zitronensaft, Worcestersauce und Weißwein beträufeln und mit Salz und Pfeffer würzen.

★ Den Dill verlesen, waschen, fein hacken und mit den Krabben vermischen.

★ Eine Auflaufform mit Butter oder Margarine ausfetten und die Fischfilets, die Krabben, die gepellten, in Scheiben geschnittenen Kartoffeln und den in mundgerechte Stücke geschnittenen Spargel einlegen.

★ Die Gemüse- oder Fischbrühe angießen und den geriebenen Käse darüber streuen.

★ Den Auflauf im auf 180–200 °C vorgeheizten Backofen 15–20 Minuten backen, anrichten, mit Kräuterzweigen ausgarnieren und sofort servieren.

Spargelragout mit Garnelen

Für 4 Personen:

1 Zwiebel
2 Karotten
1 Zucchini
2–3 Tomaten
600 g bissfest gegarter Spargel
2–3 EL Butter
300 g geschälte Garnelenschwänze
Saft von 1 Zitrone
100 ml Weißwein
1 Becher Sahne
1 Becher Sahnedickmilch
einige Tropfen Worcestersauce
Salz, Pfeffer aus der Mühle
1 Prise Cayennepfeffer
1 Prise Zucker
1/2 Bund Dill
1/2 Bund Petersilie

★ Die Zwiebel schälen und in feine Würfel schneiden, die Karotten schälen und in feine Streifen schneiden.

★ Die Zucchini putzen und in feine Würfel schneiden. Die Tomaten enthäuten, entkernen und in Würfel schneiden.

★ Den gegarten Spargel in 1–2 cm große Stücke schneiden.

★ Die Butter in einer Pfanne erhitzen, die geschälten Garnelen darin kurz braten, mit Zitronensaft beträufeln, herausnehmen und bereitstellen.

★ Die Zwiebeln und die Karotten ins verbliebene Bratfett geben und glasig schwitzen.

★ Die Zucchini, die Tomaten und die Spargelstücke dazugeben, kurz mitschwitzen, mit Weißwein ablöschen, die Sahne und die Dickmilch unterziehen.

★ Das Ganze bei mäßiger Hitze 5–6 Minuten köcheln lassen. Anschließend mit Zitronensaft, Worcestersauce, Salz, Pfeffer, Cayennepfeffer und Zucker abschmecken.

★ Die Garnelenschwänze unter das Ragout heben, nochmals erhitzen, dekorativ anrichten, mit den verlesenen, gewaschenen und fein geschnittenen Kräutern bestreuen, ausgarnieren und sofort servieren.

Blätterteigtaschen mit Spargelfüllung

Für 4 Personen:
8 Scheiben Blätterteig (TK-Produkt)
Für die Füllung:
400 g Hähnchenbrustfilet
1–2 EL Butterschmalz
2 Frühlingszwiebeln
2 Karotten
2 Tomaten
50 g Alfalfasprossen
100 ml Weißwein
2–3 EL Sojasauce
Salz
Pfeffer aus der Mühle
1 Prise Cayennepfeffer
250 g bissfest gegarter grüner Spargel
Außerdem:
2–3 EL Butter oder Margarine
250 g weißer Spargel
100 ml Weißwein
250 ml Spargelfond
200 ml Sahne
100 g Sahneschmelzkäse
Johannisbrotkernmehl oder Speisestärke zum Binden
Tomatenwürfel, Kräuterzweige und Limettenecken zum Garnieren

★ Den Blätterteig auf eine Arbeitsfläche legen und auftauen lassen.

★ Für die Füllung die Hähnchenbrustfilets in Würfel schneiden, das Butterschmalz erhitzen und die Hähnchenwürfel darin braten.

★ Die Frühlingszwiebeln putzen, die Karotten schälen, beides in Streifen schneiden, zum Fleisch geben und unter ständigem Rühren braten.

★ Die Tomaten enthäuten, entkernen, die Hälfte davon mit den verlesenen, gewaschenen Sprossen unter das Gemüse heben und kurz mitschwitzen.

★ Etwas Weißwein und die Sojasauce angießen und das Ganze bei mäßiger Hitze 4–5 Minuten dünsten. Vom Herd nehmen, mit Salz, Pfeffer und Cayennepfeffer abschmecken und erkalten lassen.

★ Die Blätterteigscheiben einmal halbieren, auf einer bemehlten Arbeitsfläche ausrollen, portionsweise die Hähnchenfüllung und die grünen Spargelstangen darauf verteilen, den Teig zusammenklappen, die Ränder gut andrücken und auf ein mit Wasser benetztes Backblech setzen. Die Blätterteigtaschen im auf 180–200 °C vorgeheizten Backofen in 20–25 Minuten backen.

★ In der Zwischenzeit für die Sauce die Butter oder Margarine in einer Pfanne erhitzen und den geputzten, geschälten und in feine Scheiben geschnittenen Spargel darin braten.

★ Mit dem Weißwein ablöschen, den Spargelfond und die Sahne angießen und einmal kräftig aufkochen lassen.

★ Den Sahneschmelzkäse in die Sauce einrühren und vollständig schmelzen lassen. Die Sauce mit Johannisbrotkernmehl oder etwas angerührter Speisestärke leicht binden.

★ Die Sauce auf Tellern dekorativ anrichten, die fertigen Blätterteigtaschen einsetzen, mit den restlichen Tomatenwürfeln bestreuen, mit Kräuterzweigen und Limettenecken ausgarnieren und sofort servieren.

Spargelsavarin

Für 4 Personen:
2 Schalotten
500 g weißer Spargel
80 g Butter
3 EL Mehl
1/8 l Weißwein
200 g Crème fraîche
2 Eigelbe
Salz
Pfeffer aus der Mühle
1 Prise Muskat
1 Prise Cayennepfeffer
2 Eiweiße
Butter und Semmelbrösel für die Formen

★ Die Schalotten schälen und fein hacken, den Spargel dünn schälen, die Enden abschneiden und den Spargel in kleine Stücke schneiden.

★ Die Butter in einem Topf erhitzen und die Schalotten sowie die Spargelstücke darin anschwitzen.

★ Das Mehl darüber stäuben und kurz mitschwitzen.

★ Mit dem Weißwein ablöschen, die Crème fraîche unterrühren und das Ganze vom Herd nehmen.

★ Die Eigelbe unterrühren, mit Salz, Pfeffer, Muskat und Cayennepfeffer kräftig abschmecken.

★ Die zu steifem Schnee geschlagene Eiweiße unterziehen.

★ 4 Savarinförmchen mit Butter ausfetten und mit Semmelbröseln ausstreuen, die Masse hineingeben und im auf 180 °C vorgeheizten Backofen 25 Minuten backen.

★ Den fertigen Spargelsavarin herausnehmen, dekorativ anrichten, ausgarnieren und mit einer hellen Sauce mit Shrimps und Kaviar servieren.

Nudelauflauf mit Spargel

Für 4 Personen:
300 g Spiral- oder Hörnchennudeln
Salzwasser
1–2 EL Olivenöl
250 g Romanescoröschen
250 g weiße und grüne Spargelabschnitte
1 EL Butter oder Margarine
1 Zwiebel
Salz
Pfeffer aus der Mühle
1 Prise Muskat
einige Tropfen Zitronensaft
150 g Bierschinken
200 g Doppelrahm-Frischkäse
1 Tasse Spargelfond
Butterflöckchen
Semmelbrösel zum Bestreuen

★ Die Nudeln im Salzwasser mit dem Olivenöl bissfest garen, abgießen, abschrecken, gut abtropfen lassen und bereitstellen.

★ Die Romanescoröschen verlesen, waschen, gut abtropfen lassen, je nach Bedarf klein schneiden, mit den Spargelabschnitten in der Gemüsebrühe kurz blanchieren, abtropfen lassen und bereitstellen.

★ Die Butter oder Margarine in einer Auflaufform erhitzen und die fein gehackte Zwiebel darin glasig schwitzen.

★ Das Gemüse dazugeben, kurz durchschwenken, mit Salz, Pfeffer, Muskat und Zitronensaft abschmecken.

★ Den in feine Würfel oder Streifen geschnittenen Bierschinken und die Nudeln unterheben und nochmals kräftig abschmecken.

★ Den Spargelfond mit dem Doppelrahm-Frischkäse glatt rühren und gleichmäßig auf dem Auflauf verteilen, einige Butterflöckchen darauf setzen und mit Semmelbröseln bestreuen.

★ Den Auflauf im auf 180–200 °C vorgeheizten Backofen in 15–20 Minuten garen, anrichten, ausgarnieren und servieren.

Spargel aus dem Ofen

Spargelsoufflé

Für 4 Personen:
500 g Spargel
3/4 l Gemüsebrühe
200 g Weichweizengrieß
3 Eier
1 Becher Créme fraîche mit Kräutern
200 g Doppelrahmfrischkäse
1 Becher saure Sahne
Salz, Pfeffer aus der Mühle
Butter für die Form
2 EL Semmelbrösel
Butterflöckchen

★ Den Spargel schälen, die Enden abschneiden, in der erhitzten Gemüsebrühe bissfest garen, herausnehmen und gut abtropfen lassen.

★ 1/2 Liter Gemüsebrühe abmessen und zum Kochen bringen. Den Grieß unter ständigem Rühren dazugeben, einmal aufkochen und bei mäßiger Hitze in 15–20 Minuten ausquellen lassen.

★ Den Spargel in kleine Stücke schneiden und mit Zitronensaft beträufeln.

★ Die Eier trennen, die Eigelbe mit Wasser schaumig schlagen und mit der Créme fraîche, dem Doppelrahmfrischkäse und der sauren Sahne untermischen.

★ Die Eicreme unter die Grießmasse ziehen, mit Salz und Pfeffer kräftig abschmecken und die sehr steif geschlagenen Eiweiße vorsichtig unterheben.

★ Kleine Auflaufförmchen mit Butter ausfetten und zur Hälfte mit der Grießmasse füllen.

★ Die Spargelstückchen auf der Masse verteilen, mit der restlichen Grießmasse bedecken und glatt streichen.

★ Mit Semmelbröseln bestreuen, mit Butterflöckchen belegen und das Ganze im auf 180–200 °C vorgeheizten Backofen 30–40 Minuten backen.

★ Die Spargelsoufflés aus dem Ofen nehmen, aus den Förmchen stürzen, dekorativ anrichten, ausgarnieren und servieren.

★ Sehr gut passen die Spargelsoufflés zu einem überbackenen Schweinesteak auf Schinken-Lauchsauce.

Spargel mit Hack

Für 4 Personen:
1 EL Butterschmalz
400 g gemischtes Hackfleisch
1 Zwiebel
150 g Lauch
400 g gekochter weißer oder grüner Spargel
1 Glas Weißwein
1 Tasse Gemüsebrühe
1 kleine Dose Champignons
Salz, weißer Pfeffer aus der Mühle
1 TL geriebene Zitronenschale
1 TL Majoran
1 Prise Cayennepfeffer
1 Prise Zucker
etwas Worcestersauce
3/8 l gebundene helle Sauce
1/2 Becher Sahne, 2 Eigelbe
2–3 EL gehackte Zitronenmelisse

★ Das Butterschmalz erhitzen und das Hacklfeisch darin scharf anbraten, die fein gehackte Zwiebel und den in Ringe geschnittenen Lauch dazugeben und mitschwitzen.

★ Den Spargel dazugeben, mit Weißwein ablöschen, mit der Gemüsebrühe auffüllen und 10–12 Minuten köcheln lassen.

★ Die Champignons abtropfen lassen, klein schneiden und in die Sauce geben.

★ Mit Salz, Pfeffer, Zitronenschale, Majoran, Cayennepfeffer, Zucker und Worcestersauce kräftig abschmecken, die helle Sauce angießen und kurz erhitzen.

★ Die Sahne mit den Eigelben verrühren, die Suppe damit legieren, mit gehackter Zitronenmelisse bestreuen, ausgarnieren und servieren.

Spargelpizza mit Muscheln

Für 4 Personen:
1–2 EL Olivenöl
1 Zwiebel
2 Knoblauchzehen
3 EL Tomatenmark
100 ml Weißwein
1 Bund Oregano
Salz
Pfeffer aus der Mühle
1 Prise Paprikapulver
200 g gegarte Miesmuscheln
4 Tomaten
4 Portionen Pizzateig
Mehl zum Ausrollen
400 g bissfest gegarter grüner Spargel
100 g Kirschtomaten
200 g geriebener Butterkäse
200 g Mozzarella

★ Das Olivenöl in einer Pfanne erhitzen und die geschälte, fein gehackte Zwiebel darin glasig schwitzen. Die Knoblauchzehen schälen, ebenfalls fein hacken, zur Zwiebel geben und kurz mitschwitzen.

★ Das Tomatenmark unterrühren, mit Weißwein ablöschen und einmal aufkochen lassen. Den verlesenen, gewaschenen und fein gehackten Oregano unterziehen, mit Salz, Pfeffer und Paprika kräftig abschmecken.

★ Die gekochten Miesmuscheln und die enthäuteten, entkernten und in Würfel geschnittenen Tomaten dazugeben und vermischen. Mit Salz und Pfeffer nochmals abschmecken, vom Herd nehmen und bereitstellen.

★ Den Pizzateig auf einer bemehlten Arbeitsfläche ausrollen und 4 Pizzaformen damit auslegen.

★ Die Tomatensauce gleichmäßig auf den Pizzen verteilen, mit dem Stangenspargel belegen, die gewaschenen, halbierten Kirschtomaten darauf legen, den geriebenen Butterkäse darüber streuen und mit dem in Scheiben geschnittenen Mozzarella abdecken.

★ Die Pizzen im auf 180–200 °C vorgeheizten Ofen und 20–25 Minuten backen. Herausnehmen, dekorativ anrichten, ausgarnieren und servieren.

Spargelragout mit Blätterteigpastetchen

Für 4 Personen:
je 300 g bissfest gegarter grüner und weißer Spargel
250 g geschälte Scampischwänze
einige Tropfen Zitronensaft
einige Tropfen Worcestersauce
Außerdem:
30 g Butter
30 g Mehl, 1/4 l Spargelfond
1/4 l Milch, Salz
Pfeffer aus der Mühle
1 Prise Muskat
1 Prise Cayennepfeffer
100 ml Sahne
Fett zum Braten
8 kleine oder 4 große Blätterteigpastetchen
Kräuterzweige zum Garnieren

★ Den bissfest gegarten Spargel in mundgerechte Stücke schneiden und bereitstellen.

★ Die küchenfertigen, geschälten Scampischwänze mit Zitronensaft und Worcestersauce beträufeln und im Kühlschrank 10–15 Minuten ziehen lassen.

★ Die Butter in einem Topf erhitzen, das Mehl mit dem Schneebesen einrühren, mit dem Spargelfond und der kalten Milch auffüllen und unter ständigem Rühren zum Kochen bringen.

★ Das Ganze bei mäßiger Hitze und unter ständigem Rühren zu einer sämigen Sauce verkochen.

★ Anschließend durch ein Sieb passieren, erneut erhitzen und mit Salz, Pfeffer, Muskat und Cayennepfeffer abschmecken. Die Sauce mit Sahne verfeinern.

★ Die Butter in einer Pfanne erhitzen und die Scampischwänze darin kurz braten. Die Spargelstücke dazugeben und kurz mitschwitzen. Mit Zitronensaft, Worcestersauce, Salz und Pfeffer abschmecken.

★ Die Sauce angießen, das Ganze aufkochen lassen und nochmals abschmecken.

★ Die Blätterteigpastetchen dekorativ anrichten, mit dem Spargelragout füllen, mit Kräuterzweigen ausgarnieren und sofort servieren.

Spargelquiche mit Shrimps

Für 4 Personen:
250 g Sahnequark
6 EL Olivenöl
1 Ei
1 Prise Salz
weißer Pfeffer aus der Mühle
1 Prise Kümmelpulver
300 g Mehl
1 TL Backpulver
1–2 EL Olivenöl
1 Zwiebel
2 Stangen Lauch
400 g bissfest gegarter Spargel
8–12 geschälte Garnelenschwänze
2 Becher Jogurt
2 Becher Crème fraîche
4 Eier
Salz
Pfeffer aus der Mühle
125 g geriebener mittelalter Gouda
2 EL Speisestärke
Mehl zum Ausrollen
Fett für die Form

★ Den Quark mit dem Öl und dem Ei in eine Schüssel geben und glatt rühren. Mit Salz, Pfeffer und Kümmel abschmecken.

★ Das Mehl sieben, mit dem Backpulver vermischen, zum Quark geben und zu einem glatten Teig verarbeiten.

★ Den Teig auf einer bemehlten Arbeitsfläche nochmals kräftig durchkneten, in Frischhaltefolie wickeln und im Kühlschrank mindestens 1 Stunde ruhen lassen.

★ In der Zwischenzeit das Olivenöl in einer Pfanne erhitzen, die geschälte, fein gehackte Zwiebel, den geputzten, in Ringe geschnittenen Lauch und den in mundgerechte Stücke geschnittenen Spargel dazugeben und kurz anschwitzen. Vom Herd nehmen und abschmecken.

★ Die Garnelenschwänze waschen, gut abtropfen lassen und bereitstellen. Den Jogurt mit der Crème fraîche und den Eiern in eine Schüssel geben und verschlagen, mit Salz und Pfeffer würzen, den geriebenen Käse und die Speisestärke untermischen.

★ Den Teig auf einer bemehlten Arbeitsfläche ausrollen, in eine ausgefettete Springform legen und einen 2–3 cm hohen Rand formen.

★ Die Lauch-Spargel-Mischung einfüllen, die Masse gleichmäßig verteilen, mit der Jogurt-Ei-Creme überziehen, die Garnelenschwänze darauf legen und das Ganze im auf 180–200 °C vorgeheizten Backofen in 30–40 Minuten ausbacken.

★ Die Spargelquiche in Stücke schneiden, dekorativ anrichten, ausgarnieren und servieren.

Spargelpfannkuchen

Für 4 Personen:
250 g Weizenmehl
1/4 l Milch
4 Eier
1 Prise Salz
1,5 kg Spargel
Salzwasser
1 Prise Zucker
1 Zitrone
Butter oder Margarine zum Ausbacken
Kräuterzweige und Tomatenscheiben zum Garnieren

★ Aus dem Mehl, der Milch, den Eiern und dem Salz einen Pfannkuchenteig rühren und 30 Minuten ausquellen lassen.

★ Den Spargel schälen und die unteren Enden abschneiden. Das Salzwasser mit einer Prise Zucker und der halbierten Zitrone erhitzen, den Spargel einlegen und bissfest garen.

★ Etwas Butter oder Margarine in einer Pfanne erhitzen und portionsweise Pfannkuchen ausbacken.

★ Die Spargelstangen in die Pfannkuchen einrollen, die Pfannkuchen anrichten, mit Kräuterzweigen und Tomatenscheiben ausgarnieren und nach Geschmack mit einer Sauce Hollandaise servieren.

Quiche mit grünem Spargel

Für 4 Personen:

250 g Mehl
1 Prise Salz
2–3 EL kaltes Wasser
125 g Butter
800 g grüner Spargel
Gemüsebrühe zum Blanchieren
Mehl zum Ausrollen
Butter zum Ausfetten
200 g geriebener Gouda
1 Becher Sahne
4 Eier
Salz
Pfeffer aus der Mühle
1 Prise Muskat
1 Prise Cayennepfeffer

★ Das Mehl auf eine Arbeitsfläche sieben, eine Mulde eindrücken, das Salz darüber streuen und das kalte Wasser darüber träufeln. Die Butter in Flöckchen darauf setzen, das Ganze mit bemehlten Händen von außen nach innen schnell zu einem glatten, kompakten Teig verkneten.

★ Den Teig in ein feuchtes Küchentuch wickeln und im Kühlschrank mindestens 1 Stunde ruhen lassen.

★ In der Zwischenzeit den Spargel dünn schälen und die Enden abschneiden. Die Gemüsebrühe in einem Topf erhitzen und den Spargel darin kurz blanchieren. Herausnehmen, gut abtropfen lassen und bereitstellen.

★ Den Teig auf einer bemehlten Arbeitsfläche in der Größe einer Springform ausrollen, den Teig in die gefettete Form einlegen und einen kleinen Rand hochdrücken.

★ Den Teig mehrmals mit einer Gabel einstechen und im auf 180–200 °C vorgeheizten Backofen 10–15 Minuten vorbacken.

★ Die Form aus dem Ofen nehmen und den Spargel gleichmäßig darauf anrichten. Den geriebenen Käse mit der Sahne und den Eiern verschlagen, mit Salz, Pfeffer, Muskat und Cayennepfeffer kräftig würzen.

★ Die Käsecreme gleichmäßig auf dem Spargel verteilen und im auf 180–200 °C vorgeheizten Backofen weitere 20–25 Minuten backen.

★ Die Spargelquiche herausnehmen, dekorativ anrichten, ausgarnieren und sofort servieren.

Spargelomelett mit Champignons

Für 4 Personen:

750 g frischer Spargel
Gemüsebrühe zum Garen
Saft von 1/2 Zitrone
4 Eier
1 EL Milch
1 Prise Meersalz
weißer Pfeffer aus der Mühle
1 Prise Muskat
3 EL Speiseöl
200 g frische Champignons
30 g Butter oder Margarine
200 g Nürnberger Rostbratwürstchen
2 EL Sahne
2 TL Saucenbinder
Fett zum Ausbacken
Zitronenspalten, Petersilie und Schnittlauch zum Garnieren

★ Den Spargel dünn schälen und in der Gemüsebrühe mit etwas Zitronensaft in 20 Minuten garen.

★ Die Eier mit der Milch in eine Schüssel geben und verschlagen. Mit Meersalz, Pfeffer und Muskat abschmecken.

★ Die Champignons putzen, waschen, in Scheiben schneiden, die Butter oder Margarine in einer Pfanne erhitzen und die Champignons darin kurz anschwitzen.

★ Die Rostbratwürstchen in feine Würfel schneiden, zusammen mit der Sahne zu den Champignons geben und kurz aufkochen.

★ 2–3 EL Spargelbrühe hinzufügen, zum Kochen bringen und mit Saucenbinder je nach Geschmack andicken.

★ Etwas Fett in einer Pfanne erhitzen, portionsweise Omeletts ausbacken und die Omeletts warm stellen.

★ Sobald alle Omeletts ausgebacken sind, die Füllung mit den erhitzten Spargelstangen auf die Omeletts geben, diese zusammenklappen, mit der verlesenen, gewaschenen und grob geschnittenen Petersilie, mit frisch geschnittenem Schnittlauch und mit Zitronenspalten ausgarnieren und sofort servieren.

Blätterteigtaschen mit Spargel

Für 4 Personen:
1 Packung TK-Blätterteig (300 g)
50 g roher Schinken
500 g bissfest gegarter Spargel
50 g Parmesankäse
Salz
Pfeffer aus der Mühle
1 Ei

★ Den Blätterteig auftauen lassen und auf einer Arbeitsfläche leicht ausrollen.

★ Den Schinken in Würfel oder Streifen schneiden und mit dem Spargel auf dem Blätterteig anrichten. Den Käse darüber streuen und das Ganze mit Salz und Pfeffer würzen.

★ Das Ei trennen und die Blätterteigränder mit dem Eiweiß bestreichen. Den Blätterteig zu Taschen zusammenklappen und die Ränder fest andrücken.

★ Die Blätterteigtaschen auf ein mit kaltem Wasser benetztes Backblech setzen und mit dem verschlagenen Eigelb bestreichen.

★ Die Blätterteigtaschen im auf 200 °C vorgeheizten Backofen 15–20 Minuten backen, herausnehmen, dekorativ anrichten, ausgarnieren und sofort servieren.

Mini-Quiche mit Speck

Für 4 Personen:
Für den Teig:
1/8 l lauwarme Milch
1 Würfel Hefe
1 EL Zucker
400 g Weizenmehl Type 405
1 TL Salz
1 Prise Muskat
1/4 l lauwarmes Wasser
2 EL Olivenöl
Mehl zum Ausrollen
Fett für die Formen
Für den Belag:
200 g durchwachsener, geräucherter Speck
1 Zwiebel
500 g bissfest gegarter Spargel
200 g Schmand
3–4 Eier
200 g geriebener Gouda
Salz
Pfeffer aus der Mühle
1 Prise Muskat

★ Für den Teig die Hefe zerbröckeln, mit dem Zucker und der Milch verrühren. Zugedeckt an einem warmen Ort 15 Minuten gehen lassen.

★ Das Mehl mit dem Salz und etwas Muskat in eine Schüssel sieben, die Hefemischung, das Wasser und das Olivenöl dazugeben und das Ganze zu einem glatten Teig verarbeiten.

★ Den Teig mit einem Kochlöffel solange schlagen, bis er Blasen wirft, zudecken und an einem warmen Ort zur doppelten Menge aufgehen lassen.

★ Den Teig nochmals kurz durcharbeiten, auf einer bemehlten Arbeitsfläche ausrollen und kleine, ausgefettete Förmchen damit auslegen.

★ Für den Belag den Speck in feine Würfel oder Streifen schneiden. Die Zwiebel schälen und fein hacken. Den Speck in einer Pfanne auslassen, die Zwiebel dazugeben und kurz anschwitzen. Die Mischung auf dem Teig verteilen.

★ Den Spargel in mundgerechte Stücke schneiden und auf die Speck-Zwiebel-Mischung legen.

★ Den Schmand mit den Eiern und dem geriebenen Gouda in eine Schüssel geben und glatt rühren. Mit Salz, Pfeffer und Muskat kräftig würzen und über den Spargel gießen.

★ Die Mini-Quiches im auf 180 °C vorgeheizten Backofen 20 Minuten backen, herausnehmen, anrichten, ausgarnieren und servieren.

Spargelpizza

Für 4 Personen:
500 g Mehl
1 Päckchen Trockenhefe
1 1/2 Tassen lauwarme Milch
1 EL Zucker
1 TL Salz
50 g fein geriebener Emmentaler
1–2 EL Pizzagewürz
Fett für die Form
4 EL Tomatenmark
2 Tassen Tomatensauce
4 Tomaten
8–12 Scheiben Parmaschinken
Außerdem:
500 g bissfest gegarter Spargel
100 g Rucola

★ Das Mehl mit der Hefe vermischen, die Milch, den Zucker und das Salz dazugeben und alles zu einem glatten, kompakten Teig verarbeiten. Zugedeckt an einem warmen Ort zur doppelten Menge aufgehen lassen.

★ Den geriebenen Emmentaler und das Pizzagewürz unter den Teig arbeiten und nochmals gehen lassen.

★ 4 Pizzaformen ausfetten und mit jeweils einem Viertel des Teiges auslegen.

★ Den Teig mit Tomatenmark bestreichen und die Tomatensauce gleichmäßig darauf verteilen.

★ Die Tomaten enthäuten, in Scheiben schneiden und auf den Pizzen verteilen.

★ Den Parmaschinken darauf legen und die Pizzen im auf 180–200 °C vorgeheizten Backofen 15–20 Minuten backen.

★ Den bissfest gegarten Spargel auf die Pizzen legen, den Rucola gleichmäßig darüber streuen und weitere 10–15 Minuten backen.

★ Die Spargelpizzen herausnehmen, dekorativ anrichten, ausgarnieren und servieren.

Grün-weißer Spargelkuchen

Für 4 Personen:
Für den Teig:
250 g Mehl
1/2 Päckchen Trockenhefe
1 Tasse lauwarme Milch
2 EL Butter oder Margarine
1 EL Zucker
1 TL Salz
1 Ei
Butter zum Ausfetten
Für den Belag:
1–2 EL Butter oder Margarine
2 Zwiebeln
200 g magerer gekochter Schinken
250 g grüner Spargel
250 g weißer Spargel
Salz
Pfeffer aus der Mühle
1 Prise Muskat
2 Becher saure Sahne
2 Eier
200 g geriebener Butterkäse

★ Das Mehl mit der Trockenhefe, der Milch, der Butter oder Margarine, dem Zucker, dem Salz und dem Ei in eine Schüssel geben und zu einem glatten Teig verarbeiten.

★ Den Teig mit dem Kochlöffel so lange schlagen, bis er Blasen wirft. Zugedeckt an einem warmen Ort zur doppelten Menge aufgehen lassen, nochmals durcharbeiten und ein ausgefettetes Backblech damit belegen, dabei einen kleinen Rand formen.

★ Für den Belag die Butter oder Margarine in einer Pfanne erhitzen und die geschälten, fein gehackten Zwiebeln darin glasig schwitzen. Den Schinken in Würfel schneiden, dazugeben und kurz mitschwitzen.

★ Den grünen und den weißen Spargel putzen, schräg in Scheiben schneiden, ebenfalls dazugeben und mitschwitzen.

★ Die Mischung mit Salz, Pfeffer und Muskat kräftig abschmecken und auf dem Teig verteilen.

★ Die saure Sahne mit den Eiern und dem geriebenen Butterkäse verrühren, mit Salz, Pfeffer und Muskat wurzen und das Gemüse damit begießen.

★ Den grün-weißen Spargelkuchen im auf 180–200 °C vorgeheizten Backofen 40–50 Minuten backen, herausnehmen, dekorativ anrichten, ausgarnieren und servieren.

Register

Die Ratschläge in diesem Buch wurden von Herausgeber und Verlag sorgfältig erwogen und geprüft, dennoch kann eine Garantie nicht übernommen werden. Eine Haftung des Herausgebers bzw. des Verlages und seiner Beauftragten für Personen-, Sach- und Vermögensschäden ist ausgeschlossen.

Genehmigte Lizenzausgabe für area verlag gmbh, Erftstadt

Einbandgestaltung: agilmedien, Köln
Einbandabbildung: Stockfood
Druck und Bindung: OZGraf, Olsztyn
Printed in Poland

ISBN 3-89996-126-9